了解新加坡，这本书就够了

U0094601

A Walk into
Singapore

走进新加坡

张昆峰 主编

新加坡国立大学李光耀公共政策学院 /
2022-2023MPAM13届班级集体作品

中国经济出版社
CHINA ECONOMIC PUBLISHING HOUSE

·北京·

图书在版编目（CIP）数据

走进新加坡 / 张昆峰主编 . -- 北京：中国经济出
版社，2024.1

　ISBN 978-7-5136-7512-3

　Ⅰ. ①走… Ⅱ. ①张… Ⅲ. ①新加坡 – 概况
Ⅳ. ① K933.9

　中国国家版本馆 CIP 数据核字（2023）第 190869 号

策划编辑　崔姜薇
责任编辑　张　博
责任印制　马小宾
封面设计　任燕飞装帧设计工作室

出版发行　中国经济出版社
印　刷　者　北京富泰印刷有限责任公司
经　销　者　各地新华书店
开　　本　710mm×1000mm　1/16
印　　张　16.75
字　　数　243 千字
版　　次　2024 年 1 月第 1 版
印　　次　2024 年 1 月第 1 次
定　　价　78.00 元

广告经营许可证　京西工商广字第 8179 号

中国经济出版社 网址 www.economyph.com **社址** 北京市东城区安定门外大街 58 号 **邮编** 100011
本版图书如存在印装质量问题，请与本社销售中心联系调换（联系电话：010-57512564）

编委会

顾　问

杨木光

（新加坡）

策　划

陆　曦

主　编

张昆峰

副主编

陈志伟　林　响　郑景日　胡　刚　尤　适

编　委

于　晨　马莹莹　马紫涵　王　玲　王　群　王　潇

王向华　尤　适　田凌溪　吕　岸　华　楠　庄心柔
（马来西亚）

刘　一　刘　昊　刘　明　刘文先　杨　焜　张昆峰
（新加坡）

张新建　陈志伟　武　艺　林　响　罗　潇　郑景日

郑斐斐　郑猷超　荣之燮　胡　刚　维妮娜·尼加提
（新加坡）

黄　毅　黄祎炜　章文峰　解植春

**本书为新加坡国立大学李光耀公共政策学院 /2022—2023
MPAM（高级公共行政与管理硕士学位）13 届班级集体作品**

推荐序

PREFACE

顾清扬

新加坡国立大学李光耀公共政策学院 MPAM 项目主任

　　新加坡的发展经验备受赞誉，也一直是中国改革开放进程中的重要借鉴对象。随着中国快速发展，两国之间的互学互鉴也不断深化，促进了双边交流与发展。新加坡国立大学李光耀公共政策学院自 2010 年以来，积极与中国中央组织部、省部委以及企事业机构展开合作，每年举办 MPAM（Master of Public Administration and Management）课程，至今已有 13 届中高级管理干部顺利毕业。学员们不仅在课堂上学习政策与管理的理论和实践，还积极走出校园，将现实世界作为更广阔的课堂，通过大量的参观访问进行体验式学习，深入了解新加坡的发展实际，以获得改革发展的内在动力和深刻洞察力。

　　本书是 MPAM 第 13 届学员集体创作的成果，以学生的视角记录了他们在新加坡学习期间的所见、所闻、所学和所思，旨在分享给更多想了解新加坡的人，促进两国人民之间更深入的交流。如果您希望快速、简明、全面地了解新加坡，本书是一个不错的选择。

序

PREFACE

如何走进新加坡

陈 抗

新加坡国立大学李光耀公共政策学院教授、经济学家

当今世界国际交往频繁、跨国旅行便利，为人们认识和了解不同国家的社会与文化提供了良好的条件。然而，这并不意味着不同国家人民之间的相互了解加强了。在很多情况下，互联网制造的"信息茧房"让人们形成了既定的心智模型和既有偏见。很多人带着这些偏见到其他国家如走马观花、蜻蜓点水般地旅游一番，就自以为对这个国家有了深入了解。很多时候，这样的主观臆断只是验证和加强了自己原有的对一个国家的刻板印象，并不能够了解真实的异国文化，更无法真正认识异国社会。

有这样一批人，他们为了能够真正走进新加坡社会，花费了将近一年时间。他们不仅通过课本、讲义、宣传册、旅游景点、美食中心等途径了解新加坡，还实地考察政府部门、法定机构、社会组织和企业，参加当地的社会活动，与新加坡人交朋友。他们综合了多方信息，去粗取精、去伪存真，再运用自己的批判性思维，为读者呈现了《走进新加坡》一书。

本书是新加坡国立大学李光耀公共政策学院MPAM项目第13期学员集体智慧的结晶。在可读性方面，本书有以下三个特点：

第一个特点是对城市治理的全面了解。有人说，所有政治都是地方性的

（all politics is local）。这种说法虽然过于偏激，但也体现了地方性议题对国家政治的重要性。新加坡是个城市国家，在应对公共管理的挑战时城市治理最为关键。李光耀等新加坡第一代领导人采用"新加坡特色思维"与新加坡选民建立了长期的社会契约。"新加坡特色思维"和新加坡官方语境在早期虽然饱受诟病，但经过 50 多年的不懈努力已经逐渐为世人所接受。"新加坡特色"特别在什么地方？在实践中有什么可以借鉴的地方？本书提供了部分答案。

第二个特点是本书作者的多样性。他们到新加坡国立大学学习之前，有的来自政府部门和监管机构，有的来自医院、学校和企业等各行各业，平均拥有超过 15 年的工作经验。丰富的阅历和不同的社会背景让他们具备了从不同视角观察和分析问题的能力，他们对于新加坡经济社会的种种思索，在新加坡国立大学的课堂内外、在本书中互相碰撞，擦出智慧的火花。

第三个特点是本书的实用性。同类书籍的重点都在于介绍新加坡的社会治理经验，但是本书在讨论公共管理问题的同时，不吝篇幅详细介绍了新加坡在教育、医疗、住房、工作、生活、移民等方面的政策和信息，为有意来新加坡投资、工作、学习和生活的读者提供了非常实用的指南。

新加坡成功的经验是什么？现今还有没有借鉴意义？这些问题的答案"仁者见仁、智者见智"。阅读了本书，相信您也会对这些问题有自己的思考。

目 录

CONTENTS

第1章

充满魅力的新加坡

当您走进新加坡时，会发现这是一个充满了神秘魅力的国家。

新加坡国土面积小，称得上是一个城市国家，身处这个花园中的城市或者看到新加坡成为亚洲金融中心的新闻时，您无法想象这是半个多世纪前那个被马来西亚联邦"驱逐"的破旧小岛港口。新加坡虽地处马六甲海峡咽喉要地，但面积狭小，在地图上只是赤道下方北纬1°的一个小点，不仅基础粮食与农产品无法自足，就连淡水也依赖进口。1965年8月，新加坡被迫独立，由于担忧独立后的新加坡无法生存，首任总理李光耀在宣布国家独立的记者发布会上哽咽落泪。李光耀先生在回忆录中提到：一生中只流过两次眼泪，分别是母亲去世与新加坡被迫独立时。

时过境迁，今天的新加坡一跃成为发达国家之一，2022年人均GDP 8.28万美元，位居世界第四。新加坡的发展取得了举世瞩目的成就，从一个生存堪忧的小国发展为世界一流的发达国家，在这个过程中新加坡创造了属于自己的奇迹。

新加坡的"居者有其屋"计划，无疑是其发展的主要奇迹之一。如果您有机会进入新加坡建屋发展局参观，看到其一楼的大厅里挂着杜甫的诗句："安得广厦千万间，大庇天下寒士俱欢颜"，就会被深深打动。1947年，英国房屋委员会的报告指出："新加坡有一个'世界上最糟糕的贫民窟，是文明社会的耻辱'。"1959年的新加坡总人口158万，仅9%的人拥有住房，大约50万人居住在贫民窟，75万人无家可归。新加坡于1964年推出"居者有其屋"计划（即"组屋"计划），由新加坡建屋发展局统一负责组屋的规划、建设、分配和管理，至今已建设组屋50多万套。组屋以远低于市场的价格卖给公民，售价仅为市场价格的1/4左右。今天，新加坡是世界上住房

拥有率最高的国家之一，超过90%的公民拥有自己的住房，其中约83%的人居住在政府组屋里。

然而，在这个几乎给全民提供住房保障的发达国家，却不设立最低工资保障。李光耀认为，实行最低工资制度虽然会缩小收入差距，但是同样会带来伤害，那些被迫付较高薪金的雇主，会设法减少聘用员工；最低工资制度会导致最低工资标准成为低薪工人的工资上限，最后导致低薪工人无法获得涨薪；最低工资制度也无法督促低技能劳动者提升自身技能。与此同时，新加坡政府采取了一系列措施设法提升工人的最低收入水平，陆续推出就业入息特别补助计划（Workfare Special Payment）和渐进式薪金模式（Progressive Wage Model）等。就业入息特别补助计划的对象是收入在劳动力薪资中最低为20%的新加坡本地员工，以中央公积金的形式为其退休生活提供补助，并以现金形式补贴其收入。符合申请条件的，根据年龄的不同，每名受惠者每年的薪金补助介于2100~4200新加坡元。渐进式薪金模式旨在通过让员工提升技能和生产力来获得加薪，规定部分行业每个技能层次的起薪与加薪标准、常年加薪幅度等。加薪部分由政府和企业共同承担，其中政府承担部分以资助的方式发放。按照目前的标准，总月薪在2500~3000新加坡元的低收入雇员加薪时，政府资助的比例为加薪部分的45%。可以说，新加坡政府在提升劳动者收入和竞争力方面用心良苦。

新加坡政府秉承精英教育的原则，在全球精英教育排行榜中名列榜首，但受争议较大的也是精英教育的分流制度。早在1992年，新加坡就开始在小学阶段引入EM分流制度，即"英语与母语"（English Mother-tongue）。新加坡作为一个多民族国家和港口城市，必须走国际化路线，进行双语教育。EM分流分为M1/M2/M3，如果双语学不好，就要降低对母语的学习强度，加强英语学习，母语可以到初中再补。除了EM分流，新加坡历史上还存在小学二年级考试分流、小学四年级"高才教育计划"的筛选分流、小学六年级考试分流、中学毕业考试分流（O Level考试）、初级学院毕业学生分流（A Level考试）等，可以说是层层分流。新加坡施行教育分流制度是形势所迫，主要因为国家生存发展的需要以及以经济效率为先导的实用主义思想影响，为了用相对低的投入达成更快、更高效的教育目的。目前，随着新加坡国家经济实力的发展与竞争力的增强，部分教育分流政策逐渐被取消：

2006 年 EM 分流制度废除、2019 年小学二年级分流考试取消，到 2024 年将全面取消中学分流，但"高才教育计划"依然保留。

　　新加坡港作为开放自由的港口，备受全球投资者关注。由于独特优越的地理位置，扼守太平洋及印度洋之间的航运要道，新加坡港是世界上第二繁忙的港口，仅次于上海港，也是全球最繁忙的转运港及燃料补给港，曾在 2021 年被选为"全球最佳海港"。自由的外汇流动与自由的贸易环境，不断助力这个港口城市发展腾飞。新加坡先后加入了多达 25 个自由贸易协定体系，无外汇管制制度，资金可自由流动，企业利润汇出无限制也无特殊税费。因此，世界 500 强企业的亚洲总部多设立于新加坡。更受全球金融行业关注的是新加坡金融管理局于 2019 年 8 月 7 日宣布推出的金融科技快捷沙盒监管机制（Sandbox Express）。在限定的业务范围内，简化金融科技市场准入标准与门槛，在确保投资者权益的前提下，允许机构将各种金融科技创新业务迅速落地，随后根据这些业务的运营情况（一般为 9 个月）决定是否推广。金融沙盒政策无疑给金融创新创造了良好环境。开放、自由、创新的金融环境将推动新加坡的贸易、商业不断发展，成为新的世界级金融中心。《第 32 期全球金融中心指数报告》显示，新加坡超越中国香港，成为亚洲第一大、全球第三大金融中心，仅次于美国纽约和英国伦敦。

　　新加坡是个多种族、多宗教和多语言的国家。新加坡政府基于精英政治的理念，认为人民会因为自己的成就而得到社会的认可与财富等奖励，而不考虑个人的种族与信仰等背景。所以，对文化和宗教持开放态度，但对语言政策有过多次干预和调整，对人口的种族比例有着严格的控制。《新加坡宪法》规定马来语为新加坡的国语，常用的官方语言包括英语、华语、马来语、泰米尔语，英语作为不同种族社群之间的主要通行语和教学语。李光耀虽然早期为了推动新加坡多民族融合，曾一度打压华语，但是于 1974 年开始推行华语普通话。目前使用最多的是英语，其次是华语。新加坡对人口种族比例严格控制，以维持不同民族融合的现状。族群比例 10 年来保持稳定，华裔、马来西亚裔和印度裔分别占居民人口的 74.3%、13.5% 和 9.0%，甚至在组屋社区中，也严格地按照不同民族的人口比例分配组屋。如果在某个组屋社区华裔的居民已经占到一定比例，这个社区就不再吸纳新的华裔居民，其他种族亦然。

新加坡有着这样许多与众不同的政策和制度，不论是教育分流政策，还是自由开放的贸易与金融环境，以及严格的人口种族比例管制等，都是新加坡政府基于现实的有限条件，为了生存发展，借助经济学原理和实用主义制定的。正是因为新加坡政府的高效实用主义，通过不断调整和细化政策，才不断推动新加坡发展成为今天世界一流的发达国家。

（本章作者：张昆峰）

第 2 章

五十年实现"居者有其屋"

1960 年，新加坡成立建屋发展局，提出了要实现新加坡人"居者有其屋"的口号，用 50 年的时间，建立和完善了当前这套租售并举的公共住房供应保障体系，实现了"居者有其屋"[1]。

1964 年，新加坡推出了"居者有其屋"计划，组屋只用于自住，每户限购一套，抽签分配。最早实施的组屋是女皇镇组屋项目，为 99 年地契的 2000 套两房和三房式组屋，申请者必须是家庭月收入不超过 1000 新加坡元的新加坡公民，价格分别为 4900 新加坡元和 6200 新加坡元。随着社会经济的不断发展，新加坡开始建造四房式和五房式的组屋，逐渐从一开始的建造一个个独立小区，转向建设综合市镇，推动社会融合。申请的收入限制也不断放宽，20 世纪 70 年代，新加坡政府规定只有家庭月收入在 1500 新加坡元以下的才可申购；80 年代以后，逐步提高到家庭月收入不高于 2500 新加坡元、3500 新加坡元、6000 新加坡元；现在的申请条件已提高到家庭月收入不高于 14000 新加坡元。目前，新加坡建屋发展局已经为社会提供了超过 100 万套的组屋，80% 的公民居住在组屋中，基本实现了"居者有其屋"的目标 [2]。

2.1 新加坡住宅类型

新加坡住宅类型见表 2-1。

表 2-1 新加坡住宅类型

	HDB 组屋[①]占比约 76%	EC 执行共管公寓[②]占比约 2%，地块稀缺	商品房住宅占比约 22%
建设出资主体	由新加坡建屋发展局开发建造的公共住房。政府给予购房公积金补贴（最高补贴 8 万新加坡元，约合 6 万美元），保障 HDB 组屋建设用地充足，且低于市价	由私人房地产开发商投资建设，与商品房公寓相比在设施配置上差别不大，但购房者可以申请政府购房公积金补贴（小区设施、装修程度、家电略逊色于商品房）	由私人房地产开发商开发的商品房。设施较为完善，配有围墙和保安，以及健身房、游泳池、网球场等
购房人群资格	每个家庭只允许拥有一套组屋，近 80% 的新加坡居民居住在 HDB 组屋。其中，仅限符合条件的新加坡公民（例如已婚夫妇，家庭月收入不超过 14000 新加坡元；年满 35 周岁单身人士，收入不超过 7000 新加坡元等）购买新 HDB 组屋；永久居民只能在市场上购买房龄 5 年以上的转售组屋	仅限符合条件的新加坡公民或公民家庭：（1）需以家庭资质购买，家庭月均收入不超过 16000 新加坡元；（2）购房者当前不能拥有私有公寓或别墅等住宅；（3）尚未直接从新加坡建屋发展局两次购买组屋［包括带有中央公积金（CPF）[③]的转售组屋］；（4）居住最少 5 年才可以转售或整套出租，且在此期间也不能拥有或购买其他私人住宅	无购房收入限制，外国人可购买（非有地住宅）
售后产权归属	拥有房屋产权	拥有房屋产权	分为两类：（1）有地住宅（较少），包括房屋产权和土地所有权，如独立、联排别墅等；（2）非有地住宅（绝大多数），仅包括房屋产权，即私人公寓
后续交易限制	可以自由买卖（卖家住满 5 年，买家符合公民或永久居民身份要求），转售价格完全市场化，政府不做价格限制	5 年后可以出售给永久居民，10 年后自动私有化成为私人商品房公寓（不限制购房资格），购房升值空间大	无限制，外国人可购买（非有地住宅）

注：① 由新加坡建屋发展局（Housing Development Board）开发并管理的住房，简称"HDB 组屋"。

② 执行共管公寓（Executive Condominium，EC）就如私人公寓一样，执行共管公寓是由私人开发商建造的，也是由新加坡政府推出的一种介于组屋与私人公寓之间的物业品种。

③ CPF（Central Provident Fund），译为中央公积金，是一项新加坡政府建立的、针对所有新加坡公民以及永久居民的社会保障储蓄计划，每一位新加坡公民和永久居民都有自己的 CPF 账号。

组屋——"居者有其屋"的基础保障

组屋是新加坡政府专门建设给新加坡人居住的公共房屋，与中国的政策性住房一样，新加坡组屋制度的产生，也是为了保障本国居民享有平等的居住权。新加坡建屋发展局是组屋的唯一开发者和售卖者。新加坡组屋价格普遍在 30 万 ~70 万新加坡元，极个别组屋的售价会低于或高于这个范围。价格变动幅度受地段、大小、朝向、楼层等综合因素影响。

为了改善家庭关系与应对老龄化社会问题，政府对孝顺子女申请与父母就近居住的，不仅有专门的财政补贴，还有专门的各种特殊组合计划，如多代同堂住屋计划等。为了鼓励年轻人组建家庭，还有未婚夫妻计划，订婚男女可在婚前预订一套组屋，只要在交房后 3 个月出示结婚证明即可。政府还有第三胎优先抽签计划。为了让不同社会阶层的人群在同一组屋小区相互包容，政府还规定一个小区内贫困人群不能超过某个比例，以让居民对彼此不同的生活方式相互理解，为了达到上述目的，购买组屋的规则严格且明晰。

（1）收入要求。购买新组屋有明确的收入门槛限制，家庭月收入不高于 14000 新加坡元。如果收入超过这个限制，就只能申购二手市场交易的旧组屋。

（2）身份要求。组屋的申请者必须是新加坡公民，或者一名新加坡公民和一名在新加坡留居 3 年以上的永久居民。

（3）年龄要求。年龄要达到 21 岁，夫妻、父母、子女、兄弟姐妹都可以搭档组合申请。新加坡政府鼓励年轻人建立新的家庭，要购买组屋必须先订立婚约；单身人士要买独立组屋，则必须在 35 岁以上。

（4）数量要求。每个家庭只能购买一套组屋。现有的组屋分为一房式、二房式、三房式、四房式、五房式、六房式和双层公寓式等不同类型（五房式相当于中国的三房两厅），购买不同的房型有不同的收入限制。如果想买第二套，就必须先把第一套卖掉。而购买下一套组屋，不可以直接跟政府购买新建的，只能从二手市场买，承受更高的价格。

（5）其他要求。组屋申购者不能在新加坡或海外拥有任何私人房产。购买组屋后，必须在 6 个月内处置任何现有的私人房产。

2.2 新加坡的公寓介绍

2.2.1 土地获取

执行共管公寓（Executive Condominium，EC），类似保障性住房，其市场售价较普通住宅低，并限制购买人群。新加坡 EC 项目的土地获取途径只有一种，即通过新加坡政府公开招标购买。

新加坡大部分供开发的土地均通过政府公开招标方式销售，政府公开招标相对透明。政府公开项目土地信息，所有竞标者在同等条件下提交投标文件，并以价高者得的方式中标土地。[3]

2.2.2 土地招标

新加坡政府会根据城市发展规划，定期通过政府官方网站推出住宅开发用地信息，包括：土地位置、土地面积、计容建筑面积、建筑高度、开发业态等，其他如停车位、道路等建设要求，以及土地投标日期及时间。意向开发商需在约定的时间范围内将土地投标文件投递到指定位置，同时在投标之前提供土地投标价 5% 的投标保证金或银行保函。新加坡政府将在投标日当天开标，并通知投标价格最高的投标人为中标人，同时公开所有投标人的投标价格。[4]

2.2.3 土地款支付

若开发用地为非住宅用地，在支付以上土地款的同时，需额外支付消费税（GST①），消费税为相应土地款的 9%。住宅用地可免除缴纳该消费税。

2.2.4 项目开发

新加坡房地产开发主要流程如下：

---

① 新加坡消费税（Goods and Services Tax，GST）是在包括进口商品在内的购买或消费商品及服务时所缴纳的税。

（1）完成土地交接手续。中标后完成土地款及相关税费支付，90 天内与政府签订建筑协议，正式完成土地交接手续。

（2）申请建筑方案（Building Plan）。开发商在项目动工前需向建筑控制局（Building Control Authority，BCA）申请建筑方案许可。通常开发商委托其建筑师或工程师代为申请，建筑师可通过网上申请系统（Construction and Real Estate NETwork e-Submission System）提交建筑方案。建筑方案被批复后，开发商需在 2 年之内动工；若未在 2 年之内动工，则建筑方案批复自动失效，开发商需重新申请。

（3）分层产权方案。开发商需向建筑控制局申请分层产权方案。

（4）销售许可。新加坡的房地产开发执照分为两种，即可预售执照（Sale Licence）和不可预售执照（No-Sale Licence）。其中，Sale Licence 允许开发商在相关建筑方案获批后即可开始销售房产，No-Sale Licence 则是在相关建筑方案获批后不能开始销售，需额外获取政府部门许可后才可销售。通常大部分开发商为尽早启动销售，都会申请 Sale Licence。Sale Licence 的申请，会根据所开发项目的规模对开发商的注册资本金以及公司股东或公司董事的相关过往开发经验有相应要求，详细要求如表 2-2、表 2-3 所示。

表 2-2 对开发商注册资本金的相应要求

项目规模	注册资本金最低限额
≤ 50 套	100 万新加坡元（约 73 万美元）
51~200 套	200 万新加坡元（约 146 万美元）
201~400 套	300 万新加坡元（约 219 万美元）
>400 套	400 万新加坡元（约 292 万美元）

注：本报告使用汇率按 1 新加坡元 =0.73 美元测算。

表 2-3 开发商过往开发经验及新项目可开发规模

过往开发经验	新项目可开发规模
≤ 10 套	< 50 套
11~50 套	< 200 套
51~100 套	< 400 套
> 100 套	无限制

开盘销售：新加坡政府规定，EC 项目需在土地中标 15 个月之后才能开盘销售。根据当地房地产开发经验，对于普通住宅项目通常在获取土地 1 年后可开盘销售。

新加坡限制 EC 项目购买人群，其要求：申请人需以家庭名义购买，并符合新加坡公共计划、未婚计划、孤儿计划或联合单身计划；申请人必须是新加坡公民（且至少年满 21 岁）；对于联合单身计划的申请人，所有申请人必须是新加坡公民，且至少年满 35 岁；家庭月收入不超过 16000 新加坡元（约 11680 美元）。

EC 公寓面积：由于 EC 项目属于政府保障性住宅，新加坡政府规定 EC 项目单位面积不得超过 160 平方米。若开发商开发规划设计的单位面积超过 160 平方米，新加坡政府则会要求开发商修改相关设计方案，直到符合要求为止；若开发商建设了超过 160 平方米的住宅单位，则该单位不得出售，新加坡政府会要求开发商进行整改，直到符合要求为止，且相关整改成本由开发商承担。

样板房：新加坡出台了专门的样板房法规，若开发商需要建设样板房用于住宅单位展示，则需在样板房对外公开至少 5 天前向有关部门申请，有关部门将对样板房进行审核，审核通过后才可对外展示。

（5）建成交付。项目建成后，开发商需向 BCA 申请完工证明（CSC），获取完工证明之后，才可以交付业主入住。如果项目部分细节施工尚未完成，但已达到入住标准，也可申请临时入住准证（TOP）。获取临时入住准证后，也可交付业主入住，待所有施工全部完成后，需再申请完工证明。

2.2.5　房地产开发政策

（1）资格证书（Qualifying Certificate）

开发商购买受限制的住宅开发土地需向新加坡土地管理局申请开发资格证书，并需要满足：自获取该资格证书起 5 年内，完成项目开发并获取完工证明或临时入住准证；自获取完工证明或临时入住准证（以先获取的为准）起 2 年内，完成所有住宅单位销售；获取该资格证书后，在未经政府同意前提下，不得变更开发商股权结构；在未经政府同意前提下，不得将项目空地或在建项目转让给他人；提供土地款 10% 的银行担保。

若开发商未能在 5 年内完成项目开发，或在 2 年内完成项目销售，则需要向政府申请延长项目开发时间或销售时间。且延长第一年需缴纳土地款 8% 的延期费，延长第二年需缴纳土地款 16% 的延期费，延长第三年及以后每年需缴纳土地款 24% 的延期费。若通过新加坡公开招标流程（GLS）购买的开发用地，可豁免申请该资格证书，即本项目是通过政府公开招标购买，不适用该条例。[5]

（2）销售回款

新加坡住宅销售回款与项目工程进度挂钩，会根据相应工程节点完成情况分批次付款。详细购房支付进度如表 2-4 所示。

表 2-4　购房支付进度

序号	支付节点	支付比例 /%
1	签署买卖合同后 8 周内	20（含预订费）
2	在完成以下工程节点的 14 天内	40
	a. 完成基础工程	10
	b. 完成主体结构	10
	c. 完成内部隔墙	5
	d. 完成建筑屋顶	5
	e. 完成门窗、电线、内部泥灰墙面、管道设备	5
	f. 完成停车场、道路、排水设施	5
3	收到以下通知 14 天内	25
	a. 临时入住通知或完工入住通知	
	b. 所有道路、排水设施已完成，并已接通水、电、燃气	
4	完成交付法律程序	15

2.2.6　融资政策

外资企业可向新加坡本地银行、外资银行或中资银行、各类金融机构申请融资业务，并由银行或金融机构审核批准。可申请的贷款和融资类型包括短期贷款、汇款融资、应收账款融资、出口融资、分期付款等。申请银行贷款时，需提交申请者自身情况、申请者企业概况、营业计划、盈利

情况等必要材料。此外，新加坡政府为鼓励外资进入，在研发、贸易、企业扩展等方面制定了系列优惠或奖励措施，如新企业发展计划、企业家投资奖励计划、全球贸易商计划、地区总部奖等。新加坡银行的融资成本低，因而具备竞争力。在房地产开发项目中，开发商可申请土地融资以及开发融资。[6]

2.3　如何在新加坡租房与买房

2.3.1　在新加坡租房

新加坡是一个高度发达的城市国家，生活成本较高。因此，租房成了许多新加坡人和外籍人士的住房方式之一。

新加坡的租房市场竞争激烈，尤其是在市中心和商业区附近，这些地区的租金通常比其他地区更高。但是，由于新加坡政府长期以来一直在鼓励住房供应，租房市场的供应相对充足，因此租客有更多选择。

因为这个城市国家的生活成本高，所以住房租金通常也较高。通常根据房子的大小、地理位置、房间数目和其他设施等确定租金，租赁协议的期限通常是一年，但也有其他选项，如半年或两年。寻找租房房源通常需要一些时间和精力。租客可以通过房地产中介或在线平台寻找房源，可以根据自己的偏好，如地理位置、价格和设施等找到最适合自己的房子。新加坡的租房市场提供各种住房类型，从公寓到组屋、从普通住宅到豪华住宅。租客可以根据自己的需求和预算选择合适的住房。然而，住房的质量可能因房屋年龄和地点等因素有所不同。因此，租客应该在签署租赁合同之前检查房屋的状态，以确保住房符合租客的预期。

总的来说，新加坡的租房市场是一个虽竞争激烈但供应充足的市场。租客可以根据自己的需求和预算进行选择，但需要注意住房质量和租金等因素。

2.3.2　在新加坡买房

新加坡是具有包容性的移民国家，华人人口占全部人口的约 75%，是除中国以外唯一以华人人口为主的国家。新加坡政府鼓励世界各国人民来此工作、学习、定居，因此也允许外国人在新加坡购置房产。但外国人在新加坡买房会有一些条件限制，能选择的房产类型只有两种：私人公寓和有地住宅（见表 2–5）。除圣淘沙湾的有地住宅外，外国人只能够购买私人公寓。

表 2–5　外国人购置房产的类型

外国人可以购买房屋类型	外国人不可以购买房屋类型
私人公寓	组屋（HDB）
10 年以上且完全私有化的转售执行共管公寓	分层有地住宅 / 联排别墅（Strata–landed housing）
圣淘沙湾的有地住宅	有地住宅（排屋、半独立式洋房、独立式洋房、优质洋房）

2.3.3　在新加坡买房与移民的关系

在新加坡购房不等于移民，但能为申请永久居民（PR）时加分，可以成为新加坡移民的跳板。外国人在新加坡买房不需要本人到新加坡，可以在当地提供公证 / 认证的律师事务所（Notary Public）或者新加坡大使馆签署文件。海外买家也可以通过律师办理授权书（Power of Attorney，POA），授权在新加坡的亲戚朋友代表本人进行购房交易。

2.3.4　新加坡永久居民买房可以选择的房产类型

表 2–6　新加坡永久居民买房可以选择的房产类型

新加坡永久居民（PR）可以购买房屋类型	新加坡永久居民（PR）不可以购买房屋类型
私人公寓	预售组屋（BTO）
已经达到 5 年最低居住年限（MOP）的转售执行共管公寓	分层有地住宅 / 联排别墅（Strata–landed housing）
转售组屋，有限制（Resale HDB）	有地住宅（排屋、半独立式洋房、独立式洋房、优质洋房）

如表 2–6 所示，新加坡永久居民可以购买公寓，没有要求或限制。不能购买新的预售组屋（BTO），只允许购买二手组屋。想要购买二手组屋的永久居民必须满足如下条件：夫妻双方都是永久居民，而且双方都已获得永久居民身份满 3 年以上。单身永久居民是不能够购买二手组屋的。

2.3.5　新加坡买房面积

新加坡房产销售面积按照套内面积出售，以平方英尺计算，1 平方米约等于 10.764 平方英尺（$1m^2 = 10.764\ ft^2$）。

2.3.6　新加坡房产的产权

新加坡房产的产权有三种类型：99 年、999 年、永久地契。999 年地契由于期限极长，几乎等同于永久地契，999 年产权和永久产权都是英国殖民时期和新加坡早期建国时遗留下来的。由于新加坡的土地资源非常有限，新加坡政府已经不再批准永久产权的土地供出售。新加坡房屋的产权是从开发商购买土地的日期算起，而不是从购房日期或者交房日期开始。[7]

2.3.7　新加坡买房流程

购买新房的步骤：
定房当天：购房价格的 5%（作为定金）；1~2 周内开发商将买卖合同寄给律师行；收到购房合同 3 周内办理贷款，并去律师行签字；签订买卖合同 2 周内买家需支付购房印花税；定房 8 周内支付购房款的 15%；按照工程进度付款。

购买二手房的步骤：
挑选满意的房产（通过房产经纪人或者房产网）；与卖家联络协商，确定双方都能接受的价格；支付 1% 的定金；到银行办理贷款；在接下来的 14 天内支付 4% 首付款；签订购房合同；在交易完成日期支付剩余购买价格减去房屋贷款的金额；房产过户。

一般在新加坡买房的付款方式有支票、银行本票（cashier's order）、银行转账汇款。携带现金或使用信用卡的方式是不被接受的。

2.3.8　新加坡买房税费

新加坡公民买房所需缴纳的税费因房价的不同而不同，购房价格为 100 万新加坡元以下，需要支付的税费是房价的 3%（3% 的买方印花税）；购房价格为 100 万~150 万新加坡元，需要支付的税费是房价的 4%（4% 的买方印花税）；购房价格为 150 万~300 万新加坡元，需要支付的税费是房价的 5%

（5% 的买方印花税）；购房价格为 300 万新加坡元以上，需要支付的税费是房价的 6%（6% 的买方印花税）。

永久居民在新加坡买房所需缴纳的税费。购房价格为 100 万新加坡元以下，需要支付的税费是房价的 8%（3% 的买方印花税 +5% 的额外买方印花税）；购房价格为 100 万 ~150 万新加坡元，需要支付的税费是房价的 9%（4% 的买方印花税 +5% 的额外买方印花税）；购房价格为 150 万 ~300 万新加坡元，需要支付的税费是房价的 10%（5% 的买方印花税 +5% 的额外买方印花税）；购房价格为 300 万新加坡元以上，需要支付的税费是房价的 11%（6% 的买方印花税 +5% 的额外买方印花税）。

外国人在新加坡买房所需缴纳的税费。购房价格为 100 万新加坡元以下，需要支付的税费是房价的 63%（33% 的买方印花税 +30% 的额外买方印花税）；购房价格为 100 万 ~150 万新加坡元，需要支付的税费是房价的 64%（34% 的买方印花税 +30% 的额外买方印花税）；购房价格为 150 万 ~300 万新加坡元，需要支付的税费是房价的 65%（35% 的买方印花税 +30% 的额外买方印花税）；购房价格为 300 万新加坡元以上，需要支付的税费是房价的 66%（36% 的买方印花税 +30% 的额外买方印花税）。

2.3.9　新加坡买房交易的监管机构

新加坡政府在 2010 年成立的房地产代理理事会（Council for Estate Agencies，CEA），是国家发展部（MND）下属的法定机构，主要负责监管房地产代理业务，以便将这个行业发展成备受人们信赖的专业领域。

房地产代理理事会的主要职责包括：签发牌照给房地产经纪公司和为房地产经纪注册，协助提升房地产经纪公司和房地产经纪的诚信和能力，以及为消费者提供所需的知识，确保他们在委托经纪办理房地产交易时，能够做出知情选择。

在委托房地产经纪处理房地产交易之前，可以先查看房地产代理理事会网站上的公共注册资料库，以确认房产中介持有有效牌照；可以通过公共注册资料库查找持牌照的房地产中介资料。

（本章作者：陈志伟）

参 考 资 料

[1] 南方日报 . 数据详解新加坡独特的组屋制度 [EB/OL].（2017–09–05）.https://news.sina.cn/2017–09–05/detail–ifykpzey4393576.d.html.

[2] 狮城新闻 . 深度！详解新加坡独特的组屋制度，中国可从中借鉴什么 [EB/OL].（2019–08–26）.https://www.shicheng.news/zh–hant/v/YrOmK.

[3] 新加坡眼 . 在新加坡买 EC（执行共管公寓）条件 [EB/OL]（2022–08–21）.https://www.yan.sg/xinjiapoec/.

[4] 上海市人民政府发展研究中心 . "新加坡 2050" 规划中的城市有机更新策略及其对上海的启示 [EB/OL].（2021–01–04）.http://www.fzzx.sh.gov.cn/jcckxx_2020/20210104/2bd9002a2db547ab9e2202631a38b06e.html.

[5] SPIC. 在新加坡购买房产 [EB/OL]（2022–08–21）.https://www.spic.com.sg/zh/buying–property–in–singapore/.

[6] 国际投资贸易网 . 新加坡投资环境 [EB/OL]（2022–09–11）.http://www.china–ofdi.org/ourService/0/762.

[7] 新乐华 . 新加坡买房必须知道的 39 个问题 [EB/OL].（2023–04–28）.https://sinhuale.com/blog/complete–guide–to–buying–a–home–in–singapore–for–chinese/.

第 3 章

新加坡弯道超车的"秘密武器"

——高效实用的就业政策

3.1　人力资源对新加坡有多重要？

新加坡是一个位于岛屿上的城市国家，国土面积和自然资源都非常有限，甚至连淡水资源都难以自给自足，需要从对岸的马来西亚进口。新加坡人常常自嘲："除了空气能自给，其他都要进口。"

1965 年 8 月，新加坡被迫从马来西亚联邦独立出来。面对前途未卜的新加坡，总理李光耀在媒体面前难掩悲伤。李光耀后来在其回忆录中说："我从来没有这么悲伤过……这是我痛苦的时刻。""我们眼前困难重重，生存机会非常渺茫。"

然而，正是这样一个面积狭小、资源匮乏、经济落后、基础设施破败的"弹丸小国"，经过 40 多年的努力，到 20 世纪 90 年代，实现了从第三世界国家到第一世界国家、从贫穷绝望的城市转变成繁荣的国际化大都市的飞跃。如今，这个世界地图上的"小红点"依然保持着强劲的发展势头，在国际舞台上扮演着越来越亮眼的角色。

新加坡为什么能够取得成功？从不同的角度观察，或许会有不同的答案。按照古典经济学理论，土地、劳动和资本是三大生产要素。马克思在《资本论》中引用了英国经济学家威廉·配第的一句名言"劳动是财富之父，土地是财富之母"。马克思认为，劳动者是生产力中最活跃的因素，在生产力中起主导作用。对于新加坡这样一个缺乏经济腹地和自然资源的城市国家，经济增长的关键在于人力资源，提升人力资源水平对于提升竞争优势至关重要。

应当说，新加坡多方面的发展战略与政策都与人力资源发展紧密相连。

比如，新加坡建立了世界一流的高质量教育体系，培养了大批优秀人才；建立了高效的医疗卫生体制，被评为全球最健康的国家之一；实施"居者有其屋"计划，由政府为 80% 以上的新加坡人提供经济适用的政府组屋，实现"有恒产者有恒心"。

从就业领域来看，和谐稳定的劳资关系使新加坡延续着独特的竞争优势，对经济发展起着至关重要的作用。新加坡总理公署原部长兼全国职工总会（National Trades Union Congress，NTUC）秘书长林瑞生在为李光耀公共政策学院 MPAM 班所作的"新加坡劳、资、政三赢关系"讲座中指出，劳、资、政三方代表协商机制（tripartism）是新加坡"公开的秘密武器"。

林瑞生认为，发展的关键在于提高"三力"：竞争力、凝聚力、持续力。只有保持竞争力，才能在激烈的国际竞争中占有一席之地，才能继续创造良好机遇，改善人民的生活；国家的竞争力来自社会的凝聚力，提高凝聚力对于保持竞争力至关重要；发展不仅要满足当代人的需要，还要为子孙后代考虑，提高发展的持续力，实现可持续发展。

怎样才能提高"三力"呢？林瑞生指出，提高"三力"的关键在于"三亲"：亲商、亲民、亲未来。一方面，商人（企业家）为工人提供了就业机会，所以工人应亲商；另一方面，人力资源是企业最宝贵的资源，如果工人没有分享到国家经济增长的果实，则经济增长毫无意义，所以商人也应该亲民。同时，要想突破当下的发展瓶颈，走好下一步的发展道路，要有"未来化"思维，不能等待未来的到来，而是要在竞争中率先跨入未来，也就是要亲未来。

3.2　新加坡如何构建劳、资、政三赢关系？

对抗还是合作？为权利而斗争，还是为权利而妥协？这是很多国家在处理劳资关系时不得不面对的现实问题。

新加坡在独立建国以前一度面临严重的粮食短缺、大规模失业和劳工动荡等问题。仅在 1955 年 4 月至 9 月，新加坡就发生了 214 次罢工。在领导人民争取民族独立的过程中，人民行动党与工会开展合作，联手反对资本家的压迫和剥削，反对英国的殖民统治，从而形成了劳、资、政对抗冲突的文化。1959 年，人民行动党登台执政后，意识到必须改变这种对抗冲突的文化，着力培养劳、资、政和谐共生的新型关系。

NTUC 于 1961 年 8 月成立，是新加坡唯一合法的工会联合组织，国内大多数工会都已加入 NTUC 。其目标是让工人终身就业，提高他们的"3W"：Wages（工资）、Welfare（福利）和 Work Prospects（工作前景），以帮助新加坡保持竞争力。NTUC 成立以来，坚持"工运现代化"路线，逐渐推动新加坡劳资关系从对抗转向合作。

在 NTUC 的展览墙上，有一幅图片展示了前秘书长林瑞生的一段话："作为服务型领导者（servant-leaders），我们的工会领袖致力于加强我们与政府和雇主的伙伴关系，以便尽我们所能真正为工人和工会成员服务。最终目标是建立一个更有爱心和公正的社会，为我们的工人和人民提供更多的成长机会，以便他们能够发挥自己的潜力，过上更好的生活。"

李光耀曾经说："每一代工会领袖都必须重新赢得他们所领导的工友以及与之谈判的经理人的信赖和尊敬。同样，经理人也必须赢得工友们的信任和尊敬，这样才能做好工作，他们必须平衡工友们的需求同管理者以及政府需求的关系。这是劳、资、政三赢取得成功的基础。"

在工作机制层面，劳、资、政三方代表协商机制（tripartism）的有效运作成为劳、资、政三赢的重要实现途径。三方代表协商依托多种平台进行，其中于 1972 年 2 月成立的全国工资理事会（National Wage Council，NWC）是一个专门规划工资增长原则的协商机构，其主要职能是通过劳、资、政三方合作，根据新加坡经济状况、就业状况，以及国际经济环境提出下一年度工资增长建议，确保工资增长与经济增长和社会发展相适应。

NWC 由劳、资、政三方的代表组成，代表政府方面的成员来自财政部、贸工部、人力部等部门，代表雇主方面的人员主要来自新加坡雇主联合会等雇主代表组织，代表劳工方的主要是来自职工总会及不同行业工会的人士。每年初，NWC 就加薪等问题进行一系列闭门会议，通过三方平等协商达成共识，并将协商结果形成年度"加薪指南"（wage increase guidelines）等相关议题建议书提交新加坡总理办公室。一旦总理接受这些建议，就向全国公布，使之成为各行各业开展劳资集体谈判的重要参考。加薪指导原则虽然不具有法律约束力，但具备相当的权威性，对企业确定工资水平具有很强的指导性，大多数雇主会将其作为确定本企业工资水平的重要依据加以执行。

在协商过程中，新加坡劳、资、政三方都特别注意劳资关系的灵活调整，以便更好地平衡雇主与员工双方的利益，实现各方利益长远最大化。例如，面对 1997 年亚洲金融危机和 2008 年全球金融危机时，在 NWC 的协调下，NTUC 主动提出削减工资增长率、降低公积金缴纳率等措施，使新加坡企业经营成本下降，保持了对外吸引力和竞争力，有利于经济从危机中快速恢复过来。在企业度过危机、经济运行重归平稳后，NTUC 会适时提出加薪建议，让工人能够充分共享经济发展成果。

除积极参与工资协商、推动薪金增长外，NTUC 还积极开展职业技能培训，提升员工的素质与竞争力。同时，NTUC 通过市场运作，大力兴办为会员提供优惠的消费合作社，其开办的平价超市 Fair Price 已成为新加坡最大的连锁超市，遍布全国各个社区，在给 NTUC 带来经济收益的同时，还起到了稳定市场物价的重要作用。

3.3 新加坡为何不设定最低工资标准？

新加坡作为世界上最富裕、竞争力最强的国家之一。许多人认为新加坡的成功是政府采取了开放经济、严格的税收制度，以及强有力的社会福利制度等一系列的政策所致。但在社会福利和工资相关制度中，新加坡并没有参照他国设定最低工资标准。新加坡一直以来不设最低工资标准的原因，与李光耀的立国和治国理念有很大关系。李光耀认为，在新加坡实行最低工资制度虽然会缩小收入差距，但是带来的伤害比带来的好处要多。同时，李光耀认为，那些被迫支付较高薪金的雇主会设法减少聘请员工的数量。此外，新加坡政府也担心，最低工资制度会导致最低工资标准成为低薪工人的工资极限，最后导致低薪工人无法获得工资上涨。

实际上，新加坡政府也采取了一些措施，以确保工人的薪酬不会低于一定水平。比如，新加坡的劳动法规定了最低工作年龄、最长工作时间、加班费、退休金和保险等；新加坡政府还实施了工作薪酬改善计划和工资补贴计划等激励与补贴政策，以帮助那些中低收入工人提高工资水平。新加坡的做法是创造尽可能多的就业机会，让市场决定薪酬水平。

薪资问题在大选中经常成为朝野政党的热议话题。新加坡政府近年陆续推出就业入息特别补助计划和渐进式薪金模式等措施，解决低薪工人的收入问题。

3.3.1　就业入息特别补助计划（Workfare Special Payment，WSP）

就业入息特别补助计划是新加坡政府 2007 年推出的一项措施，是一项永久性计划，旨在为低收入员工提供财务补贴，帮助他们为退休后的生活储蓄提前做计划。

雇员获得的 40% 为现金，60% 为中央公积金充值；自雇人士获得的 10% 为现金，90% 为中央公积金充值。

根据自 2023 年 1 月起的新政策，其申请条件如下：

（1）新加坡公民。

（2）30 岁或以上。

（3）月收入不超过 2500 新加坡元。

（4）房产年值不超过 1.3 万新加坡元。

（5）只有一处房产。

（6）已婚者配偶年收入不超过 7 万新加坡元。

符合申请条件的，根据年龄的不同，每名受惠者每年的薪金补助介于 2100~4200 新加坡元；30~34 岁的低薪员工，每年可领的补助金额为 2100 新加坡元；同龄的低薪自雇人士，每年可领的补助金额为 1400 新加坡元。而残疾员工和年龄 60 岁以上的低薪员工，每年可领的补助金额均为 4200 新加坡元；残疾自雇人士和年龄 60 岁以上的低薪自雇人士，每年可领的补助金额均为 2800 新加坡元。

3.3.2　渐进式薪金模式（Progressive Wage Credit Scheme，PWCS）

渐进式薪金模式是劳、资、政三方经协商后获得政府采用的模式，与最低工资模式的最大不同之处，就是不一刀切，而是依据个别行业的情况，制定符合该行业的薪资框架。两者区别如下：渐进式薪金模式旨在通过让员工提升技能和生产力来获得加薪。但实际上也融入了最低工资制的成分，如规

定每个技能层次的最低起薪、常年加薪幅度等。

然而，为每个行业量身定制渐进式薪金模式的过程耗时又烦琐。自 2012年提出以来，清洁业、保安业、园景业、电梯与扶梯维修业等 4 个行业先后完成了量身定制的渐进式薪金模式。

2023 年 1 月，新加坡政府宣布自 2023 年 3 月起将渐进式薪金模式推行至餐饮服务、行政人员及司机，2023 年 7 月起将其推行至垃圾管理行业。同时，对渐进式薪金模式进行了调整，具体如下：低收入人群的加薪额比率将从 50% 调高至 75%；总月薪在 2500~3000 新加坡元的低收入雇员加薪时，政府资助的比率则从 30% 调高至 45%。渐进式薪金模式示意见图 3–1。

图 3–1　渐进式薪金模式示意

3.3.3　花红（Bonus）

除此之外，新加坡政府还采取了一种独特的方法来保障工人的福利，这就是"花红"（花红原本是一种传统的文化习俗——通常是在农历新年期间发放的一种现金红包，表示美好祝福和愿景）。在新加坡，一些企业和雇主会通过发放花红来表达对工人的感激之情，同时也是一种激励措施，鼓励员工在新的一年里更加努力地工作。在某些情况下，花红的金额可能相当可观，甚至可以达到工人一个月工资的数倍。

新加坡的劳动法律规定，企业必须向员工支付年度花红，花红的具体发放时间和比例可以由企业自行决定，但是一旦决定后就必须按照规定执行。此外，企业还必须将花红政策公开透明，并遵守税收和劳动法律规定。

通常情况下，花红的比例取决于企业的利润和员工的绩效。在新加坡，花红的发放标准在不同的公司和行业可能会有所不同，企业也会根据员工的绩效表现和工作年限确定花红的金额，高绩效和工作年限较长的员工可能会获得更高的花红。通常花红是按照员工的月薪计算确定，比例一般是 1~3 个月的薪水。以下是一些在新加坡常见的发放花红的企业例子：

新加坡电信公司（Singtel）。新加坡电信公司是新加坡最大的电信公司之一，它的员工每年可以获得一份基于公司业绩和个人表现确定的花红，新加坡电信公司员工的花红金额通常为其 1 个月的薪资。

新加坡航空公司（Singapore Airlines）。作为以新加坡樟宜机场为大本营的国际化航空公司，新加坡航空公司根据员工在公司的服务年限和绩效表现，花红的发放金额可能是其 1~3 个月的薪资。

新加坡发展银行（Development Bank of Singapore，DBS）。新加坡发展银行是一家全球领先的银行，其员工的花红金额通常为其 2 个月的薪资。

花红通常是企业所有员工共享的，包括全职员工、兼职员工和临时员工。不同的企业可能有不同的花红政策，但是一般来说，所有员工都可以享受到花红的福利，而且花红在一定程度上可以减轻员工的税负。根据新加坡的税法，员工的花红收入不需要缴纳个人所得税。但是，如果员工将花红存入银行并获得利息收入，这部分收入就需要缴纳个人所得税。

同时，新加坡的企业也会发放其他类型的奖金，如绩效奖金、年终奖金、销售奖金等。这些奖金的发放时间和比例通常由企业自行决定，并在公司政策中公布。与花红类似，这些奖金可以激励员工更加努力地工作，提高企业的生产效率和质量。

另外，新加坡的政策也鼓励雇主和工人通过劳、资、政三方代表协商机制，达成合理的工资和福利条款。工人可以通过工会组织来表达自己的诉求和争取自身的利益，并与雇主达成双方都能接受的工资和福利条款。

总之，新加坡政府虽然没有设定最低工资标准，但通过渐进式薪金模式、就业入息特别补助计划、花红、工作收入补贴、税收和财政政策等一系列措施，在保护企业竞争力的同时，也保障了低收入工人的基本权益和生活质量。这些措施在政府、企业、工会、劳工大众和社会各方的合作和协调下有序运行，通过不懈努力，不仅保障了劳工的基本福利和薪酬水平，更实现了新加坡经济、社会和环境的可持续发展。

3.4 新加坡缺少哪些人才？

随着全球化和技术进步的演进，新加坡政府在当前的经济形势下面临着许多挑战和压力，而人才短缺问题直接威胁着新加坡这样一个小而富国家的发展力和竞争力。下面就以问答形式简要阐述新加坡关于人才短缺、择业方式、岗位培训等方面的内容。

3.4.1 人才短缺给新加坡带来了哪些问题？

人才短缺给新加坡带来的问题如下：

（1）经济增长受限。新加坡的经济依靠技术和创新驱动，而人才短缺可能会限制新加坡的技术和创新能力。如果企业无法招聘到所需的人才，就可能无法研发新产品或服务，从而限制了经济的增长和创新能力。

（2）企业竞争力下降。由于人才短缺，企业难以招聘到所需的人才支持企业的发展，企业的生产效率和创新能力可能会受到影响，从而导致竞争力下降。

（3）劳动力成本上升。人才短缺还可能出现供需失衡的情况，从而导致劳动力成本上升。

（4）人口老龄化问题。新加坡的人口老龄化问题日益严重，而人才短缺可能会加剧这一问题。

3.4.2　造成上述问题的原因有哪些?

造成上述问题的原因如下:

（1）人口问题。新加坡的本土人才数量有限，由于低生育率和人口老龄化问题，导致国家的劳动力市场面临越来越大的挑战。同时，由于外来劳动力数量的限制和限制性移民政策的实施，进一步加剧了人才短缺的问题。

（2）教育体系。新加坡的教育体系虽然被广泛认为是亚洲第一梯队，但是它仍然存在一些缺陷:如教育体系过于强调学术成绩，而忽视了创新能力和实际工作技能的培养。

（3）薪资和福利问题。虽然新加坡的薪资水平相对较高，但是高昂的生活成本和竞争激烈的国际市场也使得国家的薪资水平不具有竞争力。此外，与其他发达国家相比，新加坡劳工的福利相对较少，这可能导致了一些高素质人才外流。

（4）社会文化问题。兼具东西方的独特文化风格也是造成新加坡人才短缺的原因之一，多元文化带来的冲击，使得来自不同文化背景的人才不愿意来到新加坡工作和生活。

3.4.3　目前来看，新加坡主要缺少哪些行业或领域的人才?

新加坡缺少如下人才:

（1）科技人才。随着数字化、人工智能、大数据等领域的不断发展，新加坡对于科技人才的需求越来越大。根据新加坡《人才 2025 报告》，到 2025 年新加坡需要拥有 35000 名科技领域专业人士。目前这一领域的人才储备相对不足，尤其是在机器学习、人工智能、物联网等领域。

（2）金融人才。新加坡作为国际金融中心，金融行业是其最大的行业之一。随着金融市场的快速发展和国际化、科技化程度的提高，新加坡对于高素质金融人才的需求也在不断增加，其中最缺乏的是具有深厚专业知识、实践经验和领导力的高端金融人才，如投资银行家、交易员、风险控制专家、资产管理专家等。此外，对于一些金融科技领域的人才，市场的需求也在不断增加，包括区块链技术专家、数据分析师、人工智能专家等。

（3）医疗人才。新加坡是一个拥有高度发达医疗保健体系的国家，但由

于人口老龄化问题日益凸显，对医疗保健的需求也越来越大，医疗人才却供应不足。此外，由于全球医疗领域的竞争日益激烈，新加坡需要有更多的专业医生、护士、技师等医疗人才来提高医疗水平和竞争力。

（4）教育人才。作为一个教育强国，新加坡一直把教育视为重中之重。但由于少子化、教育制度变革等因素，新加坡目前的教育人才供给存在瓶颈。除了传统教育人才，新加坡还需要更多的创新型、多元化的教育人才来满足未来的教育需求。

（5）建筑与工程人才。作为一个快速发展的城市国家，新加坡需要大量的建筑和工程人才来推动基础设施建设和城市化进程。由于这一领域的工作性质比较苛刻，需要的技能和经验也比较高，导致人才供应相对不足。

（6）创意人才。随着文化创意产业的兴起，新加坡需要更多的设计师、艺术家、编剧等创意人才推动这一领域的发展。尤其是在数字娱乐、游戏、动画等新兴领域，需要更多的专业人才提高产业水平和竞争力。

除高端人才以外，随着城市的不断发展，新加坡同样急需补充公共领域、服务业、建筑业等行业的中低技能水平工作岗位的劳工，主要包括市政清洁工人、厨师服务员、家政服务员、技术工人、建筑工人、公共交通驾驶员等。

3.4.4　不同技能水平或就业需求的人才如何取得就业资格呢？

对于高技能人才，新加坡有很多的就业机会。这些人才可以通过申请工作签证或者移民，获得在新加坡工作和居住的资格。新加坡政府积极吸引高素质人才的政策，包括提供较为优厚的薪酬待遇、优越的工作环境和职业发展机会等。

对于普通劳动力来说，可以通过中介机构或者直接到新加坡找工作。这种方式主要是针对那些没有高技能的务工人员，他们可以通过中介机构找到一些基层的工作岗位，如服务员、保洁员等。当然，这种方式存在一定的风险，因为可能会遇到一些不良中介或者不正规公司，需要务工者做好充分的调查和准备工作。

对于有创业意愿的人来说，也可以通过创业获得在新加坡的工作资格。

新加坡对于创业者的政策比较友好，政府提供了一系列的创业支持和优惠政策，如提供资金支持、减免税收等，这些政策可以帮助创业者在新加坡获得更好的发展机会。

对于一些需要短期工作或者工作学习的人来说，可以选择到新加坡参加一些短期工作或者交流项目。这些项目可以让求职者在新加坡接触不同的工作环境和文化氛围，同时也可以提高个人的职业技能和人际关系。

无论通过何种方式来新加坡就业、生活，本人都应该做好充分的调查和准备工作，同时保持良好的工作态度和职业道德，以便在新加坡获得更好的工作机会和发展前景。

3.4.5　求职者可以通过哪些渠道申请新加坡的就业机会呢？

求职者可以通过以下渠道申请新加坡的就业机会：

（1）通过社交媒体和网络平台寻找工作机会。新加坡有许多社交媒体和招聘网站，如 LinkedIn、JobsDB、JobsCentral、Monster、CareerBuilder 等。求职者可以在这些平台上发布自己的求职信息或者浏览招聘信息，寻找适合自己的工作岗位。

（2）通过参加招聘会和职业展览会获得工作机会。新加坡每年都会举办许多的招聘会和职业展览会，求职者可以通过这些活动了解不同的公司和行业，直接与用人单位沟通和交流，从而获得更多的工作机会。

（3）通过接受职业培训提高自己的职业技能和竞争力。新加坡有许多的职业培训机构和学校，提供各式各样的职业培训课程和学位课程，求职者可以选择适合自己的培训课程，提高自己的专业技能和知识水平，从而增强自己在求职市场的竞争力。

需要提醒的是，在来新加坡工作之前，求职者需要了解和遵守新加坡的劳动法和移民法规。新加坡有严格的移民政策和劳动法规，求职者需要保持良好的职业道德和行为规范，只有遵守当地的法律法规，才能在新加坡获得长期的工作和居留资格。

3.4.6　有哪些帮助就业的培训可以选择呢？

新加坡也非常重视人才的培训和发展，政府联合企业、社会团体为就业

者提供多种类型的培训项目和课程。

（1）政府资助的课程。新加坡政府通过劳动力发展局（Workforce Singapore）提供各种不同的培训和学习机会，以帮助职业人士提高技能、扩充知识。这些课程涵盖各种行业和职业领域，包括酒店业、医疗保健、金融服务、技术和工程等。

（2）职业培训中心。新加坡职业培训中心（Institute of Technical Education，ITE）提供了各种技术和实践课程，以帮助学生掌握特定职业的技能。学员可以学习各种行业的专业技能，如餐饮、建筑、医疗保健、航空和电子等。

（3）私人培训机构。许多私人培训机构提供各种不同的培训和学习课程，以帮助人们提升自己的技能和知识。这些课程可能包括短期课程、认证课程和学位课程等。

（4）在职培训。许多公司提供在职培训机会，以帮助员工提升他们的技能和知识，并提高他们的绩效和竞争力。这些培训可能包括内部培训、专业发展计划、工作阅读、课程和研讨会等。

（5）线上培训。许多在线教育平台和课程提供者会提供各种不同的线上课程和学习机会，以帮助人们灵活地学习和提升自己的技能和知识。

除此之外，NTUC 也致力于为就业者提供各种培训和发展机会：一方面，为就业者提供计算机、语言、商业、制造业等方面的职业技能和知识；另一方面，为就业者提供职业顾问、职业咨询、职业规划等就业服务，也会针对就业者的就业机会信息、简历撰写、面试技巧等问题提供更加个性化的咨询服务。NTUC 范围全、层次广、多角度的对各类就业者的培训，满足了不同行业、不同职业、不同阶段、不同需求的人才对于培训的需求，也为新加坡经济社会的繁荣奠定了坚实的人才队伍基础。

3.5　新加坡人才引进政策的变化历史、现状，体现了新加坡人才引进的何种倾向？

在过去的几十年里，新加坡一直致力于吸引高素质人才到这里生活和工作，并通过一系列的政策和措施来实现这一目标。

新加坡的人才引进政策可以追溯到 20 世纪 50 年代，当时的新加坡政府采取了一系列措施来吸引外国人才，以帮助推动国家的经济发展。这些政策主要集中在税收和工作签证方面，以及提供一些住房和其他福利。

20世纪70年代初期，新加坡政府开始采取更加积极的人才引进政策。这时的政府开始实行"海外人才计划"，该计划的目的是吸引一批在海外具有丰富经验和技能的人才来到新加坡，以推动国家的技术和产业发展。此外，政府还成立了新加坡国际企业发展局，该机构负责推动外国企业在新加坡设立分支机构，以帮助吸引更多的人才。

到了20世纪80年代，新加坡政府开始将重点放在本地人才的培养上。政府成立了一些专门的机构并制订计划，以培养和吸引更多的本地人才。这些计划包括"国家科学技术基金""国家工程研究计划"等。此外，政府还采取了一些措施鼓励本地人才留在国内，比如提供更好的薪资和福利待遇。

目前，新加坡的人才引进政策已经非常成熟和完善。政府不仅制定了一系列措施来吸引和留住国际人才，同时也注重本地人才的培养和发展。

（1）具有专业技能和经验的外籍人才。新加坡政府鼓励具有专业技能和经验的外籍人才前来工作和生活。这些人才包括企业高管、专业人士、科学家、工程师等。主要引进方式如下：

①专业人士和技术工人计划。该计划旨在吸引海外具有专业技能和经验的人才来到新加坡工作。该计划的申请条件比较宽松，申请人只需满足基本的教育和工作经验要求即可。

②移民计划。新加坡政府还提供了移民计划吸引高管、企业家和投资者来到新加坡。这些人才需要满足一定的财务和商业条件，并且需要为新加坡的经济发展做出贡献。

③联合研究计划。新加坡政府与其他国家的大学和研究机构合作，共同开展研究项目，并吸引国际上的科学家和研究人员前来进行研究工作。

此外，新加坡政府还通过"全球科学城计划"吸引更多的国际研究机构和科技公司在新加坡设立分支机构，以促进当地的技术和创新发展。

（2）本地人才的培养和发展。新加坡政府非常注重本地人才的培养和发展，通过多种措施提高本地人才的水平和竞争力。这些措施包括：

①教育计划。新加坡的教育制度被认为是全球典范之一，政府投入大量资金提高教育水平和教育质量，以培养更多的优秀人才。

②本地人才计划。新加坡政府制订了一系列计划支持和鼓励本地人才的发展，包括"国家人才发展计划""国家科学技术基金"等。

③培训和职业发展。新加坡政府提供了多种培训和职业培训计划，并鼓励企业为员工提供培训和职业发展机会。

（3）创新和创业。新加坡政府非常注重创新和创业，通过创业计划、创新基金和严格知识产权保护等方式支持和鼓励在新加坡的创新创业活动，以此吸引专业人才、高端人才落地。

通过对新加坡人才引进政策的历史和现状进行分析，可以看出政府在人才引进方面的倾向：一方面，政府重视吸引国际人才和外国企业来到新加坡，以促进国家的经济发展和技术创新；另一方面，政府更加重视培养本地人才和提高教育水平，以保证国家的人才储备和未来的发展。

总的来说，新加坡政府的人才引进政策体现了一个开放和国际化的倾向，同时也注重本地人才的培养和发展。新加坡政府通过各种手段吸引和培养优秀人才，使其在国内发挥自身才能，为国家的经济和社会发展做出更大的贡献。

参 考 资 料

新加坡总理公署原部长兼全国职工总会（NTUC）秘书长林瑞生在李光耀公共政策学院"新加坡劳、资、政三赢关系"的讲座内容 [EB/OL].（2022-06-13）.

（本章作者：王潇　王群　章文峰　武艺）

第 4 章

多变的移民政策

4.1 新加坡移民政策变迁历史

新加坡的移民政策在社会发展和经济繁荣中发挥了重要作用。回顾新加坡建国以来移民政策的发展历程，主要划分为四个时期，即限制移民时期、选择移民时期、积极移民时期和适度限制移民时期。这四个时期的移民政策以及移民数量都在发生相应的变化。

4.1.1 限制移民时期

这一时期是指新加坡建国之初至 1975 年。新加坡 1965 年建国后，由于失业率急速攀升，本地居民对移民政策的不满开始增强，因此在沿袭英国殖民统治时期限制移民政策的基础上，政府进一步加强对移民的限制，设立了更为严格的外国人居留资格审核标准，尤其控制低技能外国劳工的进入。

4.1.2 选择移民时期

这一时期是指 1975 年至 1991 年。由于上一时期新加坡人口自然增长率持续走低，人口结构少子化和老龄化现象突出。随着经济的快速发展，从劳动密集型向技能密集型、资本密集型产业升级的转变也使劳动力资源不足的问题日益显现。于是，新加坡政府于 1975 年颁布《外国劳工就业法》，开始逐步放宽对外来劳工的限制，并且成立相应部门（外国劳工就业署）对其进行管理。特别是在 1988 年推出了"杰出企业家专业人士计划"，通过授予永久居留证来鼓励高素质人才迁移至新加坡，这项计划的范围后来被进一步扩展至全球专业人

士。新加坡作为移民目的地开始进入各国专业人才的视野。[①] 这一时期，全球经济快速发展和人口增长缓慢的国家都在引进劳动力，新加坡移民政策也在适当调整放宽，并开始对移民质量进行选择。

4.1.3 积极移民时期

这一时期是指 1992 年至 2009 年，新加坡产业发展逐步向技术密集型调整，开始工业化进程。1980 年至 2005 年，新加坡工业增加值比重始终保持在 30% 以上。20 世纪 80 年代末，新加坡国内劳动力开始无法满足金融、IT，以及其他知识密集型产业对高技能劳动力的需求。20 世纪 90 年代起，这些产业的兴起导致对高端人才的需求持续增长，但是由于人口规模小和低出生率，国内人才的数量无法满足人力市场的需求。再者，20 世纪 80 年代后期到 90 年代初期，全球移民活动之盛达到了前所未有的程度，许多年轻的国内人才决定到国外寻求就业机会，加剧了新加坡国内人才短缺的局势。因此，自 20 世纪 90 年代起，新加坡制定了大量旨在吸引外籍人才的积极移民政策。[②] 例如，1998 年"外来人才政策""再造新加坡计划"等政策相继出台；1999 年发布《人力 21 世纪，一个人才都市的远景》战略规划等。2006 年，移民政策进一步放宽，使这一时期的移民大量增长，为新加坡的经济发展和社会转型带来了强有力的支撑。2002 年至 2008 年，新加坡经济缓慢复苏，基本保持 4% 以上的经济增长率，人均国民收入稳定增长。2008 年全球金融危机爆发后，新加坡正值放宽移民政策时期，大量吸收国外优秀人才，来自邻国印度尼西亚、马来西亚、菲律宾、印度和中国的新移民也为新加坡的经济增长做出了贡献。

4.1.4 适度限制移民时期

这一时期是指 2009 年至 2021 年。上一时期外来移民大量增多，特别是后期移民数量增速过快，使得一系列社会问题随之而来，如就业机会竞争加剧、贫富差距扩大、房价过高、交通拥堵等，反移民和反外来劳工的情绪在

---

①② 中国与全球化智库 . 中国吸引国际技术人才的政策与实践比较研究报告 .

新加坡本土社会日益高涨。特别是 2006 年的政策放宽，使 2007 年至 2009 年大开国门扩大移民的同时，失业率连年增加。其间叠加 2008 年全球金融危机爆发，导致新加坡经济下滑，也减缓了对外国劳动力的需求。在此背景下，从 2009 年底开始，新加坡政府宣布适度收紧移民政策，申请成为新加坡的永久居民和公民需要通过整体框架的评估。但新加坡公民对政府移民政策和外来移民的不满情绪依然持续发酵，这种情绪最终在 2011 年大选和 2013 年《人口政策白皮书》的发布两件事上爆发。此后，为了保持社会凝聚力，新加坡政府采取适度限制移民政策，谨慎制定可持续的移民政策，既保障了合理的移民数量、适应补充优化人口结构的需求，又提升了引入人才的质量。在确保新移民融入社会的同时，也使新加坡人民能够适应外籍人员的流入。近年，成为公民和永久居民的移民人数年均约 3 万人。迎合民意也使执政的人民行动党 2015 年大选得票率抬升至近 70%。在 2009 年高失业率之后，直到新冠疫情之前，新加坡失业率得到了很好的控制。

近年来，世界经济复苏动能不足，全球化发展虽遭遇挫折但趋势不可逆转。新加坡移民政策的收紧也带来了新的问题，人口普查数据显示，新加坡社会老龄化日益严重，人口生育率处于下降趋势，人口进入负增长。2020 年新冠疫情暴发之后，打破了这个世界原有的政治经济及文化格局，世界范围内的人口流动速度逐步减缓。据《世界移民报告 2022》估算，新冠疫情可能使移民数量的增长减少了约 200 万人。该报告中还提到，在（地缘）政治、社会、环境和技术领域，变化的速度前所未有，人们普遍认识到世界变化的速度有多快，而且变化的速度似乎比所有的预期和预测都快。移民与科技、创新交织在一起，并与投资、贸易流动相配合。技术在整个迁移过程中的重要性越来越重要，尤其是新的技术形式。后疫情时代的经济蓄势待发，支持新加坡现阶段知识经济产业发展急需高端人才的引入补充。新一轮的人才争夺战又开始了，近两年新加坡移民政策开始提级，旨在顺应民意，合理保障本地公民就业的基础上，在国际人口流动增量减少的形势下吸收高端人才和技术、投资，力求促成引进人才资金、能力等综合实力的再提升。以 EP、SP 准证的政策变化为例，调整主要体现在提高门槛、降低配额上：一是两度调高 EP 和 SP 薪资要求；二是缩紧公司的 SP 雇佣配额；三是在原最高级的工作准证 PEP 提高门槛的同时，推出 ONE Pass（Overseas Networks &

Expertise Pass），面向全球吸引高端人才。

4.2 新加坡现行移民政策以及办理移民的主要途径

4.2.1 现行移民政策主要分类以及签证适配人群（不含留学和旅游）

4.2.1.1 新加坡工作签证（Work passes）

1. 专业人员

（1）就业准证（Employment Pass，EP）

面向外国专业人士、经理和行政人员，通常具有良好的大学学位、专业资格或专业技能。候选人需要月薪 5000 新加坡元以上，这是按年龄划分的当地专业人士、经理、行政人员和技术人员（PMET）薪水中排名前 1/3 的基准，随着年龄的增长而逐渐增加，40 多岁的人最高可达 10500 新加坡元。金融服务行业的候选人需要更高的薪水才能获得资格。后续还将逐步适用更新的合格工资，并引入基于积分的互补性评估框架（COMPASS）。该准证初次申请者有效期最长 2 年，续签最多 3 年，可以一直续签；技能短缺且经验丰富的技术专业人员可能有资格获得更长的 5 年期限。

（2）创业准证（Entre Pass）

又称作新加坡创业入境准证，是一种面向外国企业家的工作准证。适用于希望在新加坡经营一家获得风险投资支持或拥有创新技术的企业的连续创业者、高素质创新者或经验丰富的投资者。主要申请条件包括：已经开始或打算开始在 ACRA 注册私人有限公司，该有限公司由风险投资支持或拥有创新技术；满足申报具体要求中涉及的创新标准，可以更加有助于获得申请资格。新准证和第一次更新有效期为 1 年，后续展期为 2 年（续签有更为具体的资格要求），可以一直续签。

（3）个人就业准证（Personalised Employment Pass，PEP）

适用于高收入的现有就业准证持有人或外籍专业人士。PEP 与就业准证相比具有更大的灵活性。现有 EP 持有人：固定月薪至少 12000 新加坡元。外籍专业人士：固定月薪至少 18000 新加坡元。这是以前 10% 的 EP 持有者为基准的，从 2023 年 9 月 1 日起，现有 EP 持有人和外籍专业人士的固定月薪标准将提高至 22500 新加坡元。个人就业准证只发放一次，有效期为 3 年，不能续签；在新加坡的失业时间不得超过 6 个月，否则将取消个人就业准证。无论受雇多少个月，每个日历年的固定工资至少为 144000 新加坡元；如果在 2023 年 9 月 1 日之后获得批准，每个日历年的固定工资至少为 270000 新加坡元。

（4）海外网络和专业知识通行证（Overseas Networks & Expertise Pass）

该通行证是为所有领域的顶尖人才提供的个性化通行证，包括商业、艺术和文化、体育，以及学术和研究领域。它允许符合条件的申请人在任何时候同时在新加坡创办、经营和为多家公司工作。现有工作准证持有人和海外候选人符合以下薪资标准之一，可以申请：月薪 30000 新加坡元以上，月薪应来自一位雇主；海外候选人已在海外知名公司工作至少 1 年或者将在新加坡一家成熟的公司工作（一家公司要被视为成熟，其市值或估值必须至少为 5 亿美元，或年收入至少为 2 亿美元）；现有工作准证持有人，已在新加坡工作至少 1 年或者将在新加坡一家成熟的公司工作。该通行证初次批准有效期为 5 年，每次可续期 5 年，可以一直续签。要获得续签资格，通行证持有人必须满足以下条件之一：过去 5 年在新加坡平均月薪 30000 新加坡元；开设并经营一家总部位于新加坡的公司，该公司雇用至少 5 名当地人，每人月薪至少 5000 新加坡元（与 EP 最低合格工资挂钩）。在文化艺术、体育、学术研究等方面有杰出成就的个人，无须满足薪酬标准即可获得海外网络和专家通行证。

（5）科技准证（Tech Pass）

申请人不必受雇于新加坡企业，既可以是新加坡企业的雇员，也可以直接在新加坡进行创业、投资、担任董事等。申请人只要满足以下三项条件中的两项就可以申请科技准证。当前持有工作准证、个人就业准证等准证的人员，在符合条件的情况下亦可以申请更换其准证为科技准证。一是过去一年的固定月薪至少为 20000 新加坡元；二是曾在市值至少 5 亿美元或至少拥有 3000 万美元资金的科技公司中担任领导职务 5 年以上；三是曾在拥有至少每月 10 万活跃用户或至少 1 亿美元收入的科技产品的研发中担任主导工作至少累计 5 年以上。该准证初次批准有效期 2 年，满足年收入、企业年支出、聘用人员等续签条件的可以续签 2 年，之后不能续签。

2. 技术工人和半技术工人

（1）S-Pass

该准证允许中级技术人员在新加坡工作，除金融服务行业之外的申请人需要月薪至少 3000 新加坡元（从 23 岁开始随着年龄递增，45 岁及以上最高可达 4500 新加坡元）；金融服务行业月薪至少 3500 新加坡元。申请的最低合格工资后续将分步提高额度，年长的申请人将继续要求更高的薪水才能获得资格。该准证批准有效期 2 年。雇主雇用该准证雇员受配额限制且需为雇员缴纳外劳税。

（2）WP

该准证面向在建筑、制造、海运造船厂、加工或服务部门工作的工人；家庭用工；月嫂；公共娱乐场所工作的艺术表演工作者；等等。该准证有效期最多 2 年（其中月嫂工作准证从孩子出生开始最多 16 周、公共娱乐场所工作的艺术表演工作者准证 6 个月），具体取决于工人护照的有效期、保证金或雇用期限等。雇主雇用该准证雇员受配额限制（家庭佣工、月嫂除外）且需为雇员缴纳外劳税。

3. 家庭成员

（1）家属准证（Dependant's Pass）

专业人员准证或技术人员 S 准证持有人可以为合法已婚配偶或未满 21 岁的未婚子女申请家属准证。专业人员就业准证和创业准证持有人申请，则有月薪、年商业支出等具体要求。家属准证的期满日期与就业准证相同，最长 2 年。

（2）长期访问准证（LTSVP）

专业人员准证或技术人员 S 准证持有人可以为同居配偶、继子女或残疾子女办理长期访问准证。收入超过 12000 美元的，也可以为父母申请。长期访问准证持有人可以在新加坡工作，但必须自行申请工作准证。长期访问准证的期满日期与就业准证相同，最长 2 年。

除以上主要工作签证类型外，还有学生工作假期通行证、学员培训许可证等，以及访问准证工作的部分豁免情形。

4.2.1.2　新加坡永久居民（Permanent Resident）

（1）家庭关系申请

新加坡公民或新加坡永久居民（PR）的配偶；未满 21 岁的未婚子女，

在与新加坡公民或永久居民合法结婚的情况下出生，或已被新加坡公民或永久居民合法领养；新加坡公民的年迈父母，可向移民局提出申请永久居民资格。

（2）专业人员准证或 S 准证持有人

年龄在 50 岁以下，持有 Employment Pass、Entre Pass、PEP 和 S-Pass 任何一种工作准证，已在新加坡工作一段时间的都可提出申请。申请人可在同一张申请表格内，同时为配偶和年龄不超过 21 岁的未婚女子提出申请。在新加坡逗留的时间、学历、基本月薪、年龄，以及在新加坡是否有亲属等都可能作为评估条件。

（3）在新加坡留学的学生

必须至少通过一个国家考试（PSLE、O'Level、A'Level），并且在申请时需要在新加坡居住至少 2 年。学术成就、领导力和融入新加坡社会的证明也可能有助于申请获批。

（4）新加坡的外国投资者

全球投资者计划（GIP）是为那些希望从新加坡引导投资和业务增长的外国投资者设立的。根据计划申请新加坡永久居民，要求候选人拥有相当的商业记录和成功的创业背景。有关标准的具体细节取决于申请人是不是一个成熟的企业家，下一代的企业家，等等。获批申请人的配偶和 21 岁以下未婚子女，也有资格获得新加坡永久居民身份。

按照 4 个类别分别规定了评估标准，主要内容如下：

① 大企业所有者或主要股东。

- 必须拥有不少于 3 年的创业、经商经历。
- 所经营的公司最近 1 年的营业额必须不少于 2 亿新加坡元，最近 3 年的年均营业额必须不少于 2 亿新加坡元。
- 如果公司为私营公司，资深企业主必须持有至少 30% 的股权。
- 该公司行业符合规定范围。

② 二代企业主。

- 直系家族必须持有申报本计划公司不少于 30% 的股份，或是最大股东。
- 企业最近 1 年的营业额必须不少于 5 亿新加坡元，最近 3 年的年均

营业额必须不少于 5 亿新加坡元。

- 必须是该公司的管理层（例如：高管、董事会成员）。
- 该公司行业符合规定范围。

③ 快速成长企业创业者。

- 必须是一家估值不少于 5 亿新加坡元的公司创始人及最大个人股东之一。
- 该公司必须由知名的风险投资公司或私募股权公司投资。
- 该公司行业符合规定范围。

④ 家族办公室负责人。

- 必须拥有不少于 5 年的创业、投资或管理经历。
- 必须拥有不少于 2 亿新加坡元的可投资资产净额。
- 该公司行业符合规定范围。

除此之外，要有良好的商业记录，以及需要在接下来的几年里遵守和满足商业建议和投资计划。

4.2.2　办理移民的主要途径

按照准证不同类型，申请主体分别是：Employment Pass 由雇主或指定的就业代理人代表候选人申请；对于在新加坡没有注册办事处的海外公司，需要通过当地担保人申请。Entre Pass、Personalised Employment Pass、Tech Pass 候选人可以直接申请。Overseas Networks & Expertise Pass 符合资格标准的候选人可以直接申请，指定的职业介绍所或雇主也可以代表候选人申请。S-Pass 由雇主或指定的就业代理人代表申请人申请，如果通行证持有人更换工作，新的雇主必须申请新的通行证。工作准证 WP 由雇主、担保人或指定的就业代理人申请。

专业人员工作准证（除科技准证外）通过新加坡人力部网站申请，按网站说明填报相关资料。科技准证通过新加坡经济发展局网站申请，按网站说明填报相关资料。申请成为新加坡永久居民需通过新加坡移民局网站，在线提交申请资料。外国投资者也可以根据全球投资者计划（GIP）向新加坡经济发展局申请永久居民。一些移民申请人也可以通过咨询服务机构，协助办理申请。

4.3　新加坡吸引移民的优势

20 世纪到 21 世纪，新加坡从"亚洲四小龙"之首到全球第三大金融中心，不断以自己的实际行动吸引全世界的目光。最显而易见的是，来自全球各地的投资者、商人、企业家、精英人才都纷纷移民新加坡，每年新加坡永久居民的获批量都保持在 3 万人左右。人们为什么会选择移民新加坡呢？我们带着这样的疑问观察这个国家的特点，通过互联网了解网友的想法。我们认为人们可能是基于如下理由做出的选择。

4.3.1　地理位置优越

新加坡地处马六甲海峡的咽喉处，这样优越的地理位置非常适合发展以港口为基础的制造业和服务业。和日本不同，新加坡虽然也是岛国，但没有台风、地震和海啸的困扰，这就为港口发展提供了得天独厚的条件，使得新加坡成为亚太地区重要的贸易、金融、航运中心。全球顶级私人银行和个人财富管理公司，如瑞银、瑞信都将新加坡作为亚洲总部。新加坡汇聚了亚洲富人超过 40% 的资产，业已成为目前全球最大的离岸金融中心之一。

4.3.2　基础设施完善

新加坡基础设施建设较为完善，拥有全球最繁忙的集装箱码头、服务优质的机场、亚洲最广泛的宽频互联网体系和通信网络。城市交通发达，出行方便。虽地处热带环境，但室内基本空调全覆盖。

4.3.3　政治社会包容

新加坡政治体系稳定，政府廉洁高效，法律健全完善，可以做到令行禁止。由于新加坡是一个移民国家，人口组成较为多元，政府提倡种族包容，致力于打造多元种族、多元文化、多元宗教和谐并存的社会氛围，国内各个民族能够尊重差异，和平共处。新加坡社会治安良好，也是世界上犯罪率最低的国家。

4.3.4　营商环境优良

新加坡实施有利于工商企业发展的各项政策，连续多年在世界银行公布的全球营商环境排名中名列前茅，不仅帮助企业节省了经营成本，还降低了不可预见的风险。新加坡税制简单，实行地域税制，非全球征税，主要税种有：企业所得税（税率17%）、个人所得税（税率采用0~22%的累进制）、消费税、不动产税、印花税、车船税。不征收资本利得税和遗产税，而是对于新成立的公司设有最高75%的税收减免。

4.3.5　社会福利优厚

新加坡公民和永久居民可在如住房、医疗保险、子女教育、养老等方面享受许多优厚的福利待遇（这些在前面的章节中已有较为详细的介绍），因此在新加坡生活可以获得很高的幸福感。

当然，选择在新加坡永久居住，在追求权益、福利的同时，也不能忽略付出的成本，以及需要履行的义务。一是要接受高昂的生活成本。虽然能够在这里享受到高品质生活，但生活成本往往也较高，尤其是租房，这是外籍人士决定移民新加坡之前必须认真考虑的事情。买车也非常昂贵——新加坡政府对汽车征收许多高额税，以降低当地的交通拥堵程度。二是要认同新加坡的理念。新加坡国民的五大价值观为：国家至上，社会优先；家庭为根，社会为本；关怀扶持，同舟共济；求同存异，协商共识；种族和谐，宗教宽容。新加坡的法律十分严苛，随地吐痰、在公共场所抽烟都会面临巨额罚款，甚至保留了令人触目惊心的"鞭刑"。三是要融入新加坡的生活。新加坡虽然华人众多，但英语是最常用的官方语言，而且是行政用语。熟练地掌握中英双语，更有助于融入当地华人的社会圈子。

参 考 资 料

新加坡移民局官网 [EB/OL].（2022–11–05）.https://www.ica.gov.sg/.

（本章作者：王玲　于晨　黄祎炜　尤适　武艺　刘一）

第 5 章

精英教育理念下新加坡教育

新加坡曾是英联邦国家，因此其教育体制受英国传统教育制度影响极深，目标是给每个人提供教育，并发现其才能，挖掘其潜力，培养其终身对学习的热情。新加坡既推崇因材施教的教育理念，也致力于培养精英人才。[1] 新加坡教育制度见图 5–1。

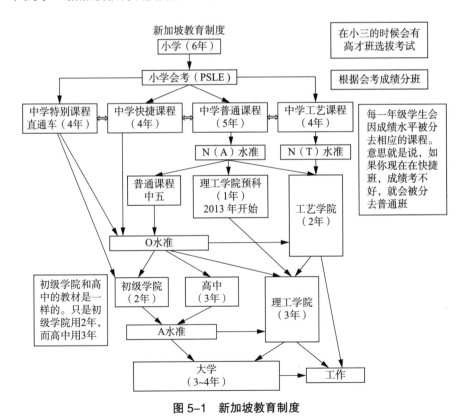

图 5-1　新加坡教育制度

5.1 幼儿园教育

新加坡的幼儿教育是由政府机构负责管理和监督的，旨在为幼儿提供高质量的教育和照顾服务。分两个阶段：启蒙班（Nursery）和幼儿园（Kindergarden）。启蒙班接收 4 岁以下的孩子，幼儿园接收 4~6 岁的孩子。[2]

5.1.1 申请条件

幼儿园可以无条件入学，只要满 3 岁就可以直接申请。国际学生也可以入读，而且不需要参加考试，基本上只要有富余学位就可直接申请。如果家长有让孩子在新加坡接受公立小学基础教育的计划，可以在孩子幼儿园阶段来新加坡入学，幼儿园阶段结束时直接申请公立小学，免除小学阶段的 AEIS 考试。

5.1.2 幼儿园教育体制

幼儿园教育分为三个阶段：小班、中班、大班。课程内容包括语言和文学、数学、科学、艺术和音乐等方面。此外，学生还会学习社交技能、情感管理、安全与健康等方面的知识。采用多元化的教育方法，包括游戏和探究性学习、互动式课堂、角色扮演、绘画等。总体而言，新加坡的幼儿园致力于为孩子们提供多元化和高质量的教育和照顾服务，帮助他们全面发展并为未来的学习奠定良好的基础。

根据所入园区的资质不同，幼儿的上课时间也不一样。如果只有幼儿园资质的学校一般只上半天课或到下午三点前。如果学校有托儿所资质，幼儿在早七点至晚七点可以选择在学校学习。

5.1.3 幼儿园类型

新加坡主要有政府幼儿园、私立幼儿园和国际幼儿园三种类型。

5.1.3.1 政府幼儿园

新加坡有 PAP（人民行动党）和 NTUC 两所政府幼儿园。其分园遍布全岛，通常以社区为中心。

它的优势主要在于：

（1）以社区为单位，环境熟悉，方便接送。

（2）提供较为实惠的学费和标准的教育。

（3）对国际学生友好，签证批准率高，可陪读。

政府幼儿园虽有很多优势，但是学位有限，因此优先考虑本地学生。

5.1.3.2　私立幼儿园

私立幼儿园由私人机构经营，如社区、基层、商业机构等。基本采用和政府幼儿园同样的教学模式，教学质量也有保障。不少私立幼儿园的硬件设施和服务都优于政府幼儿园，学位更充裕，但收费较高，国际学生的家长多选择私立幼儿园。

5.1.3.3　国际幼儿园

新加坡还拥有相当数量的国际幼儿园，主要面向外籍家庭，提供多语种的教学和多元文化的环境，收费通常较高。国际幼儿园通常遵循国际课程标准，如 IB（国际文凭）课程、英国基础教育课程等。

此外，还有一些在新加坡较为罕见的幼儿园类型，如家庭式幼儿园、特殊教育幼儿园等。家庭式幼儿园通常由独立的家庭经营，收费较为实惠；特殊教育幼儿园则是专门为有特殊需要的儿童设立的，提供个性化的教育和照顾服务。[3]

5.1.4　陪读政策

相较于其他发达国家，新加坡有一项备受推崇的政策优势，尤其是针对低龄留学生，无论孩子入读哪类幼儿园，新加坡政府都允许 16 岁以下孩子的妈妈、奶奶、姥姥三人中的一人在新加坡陪读。

总体而言，不同类型的幼儿园在教学内容、教育方法、学费和课程设置等方面都有所不同，家长可以根据自己的需求和条件选择适合自己孩子的幼儿园。

5.2　小学教育

小学教育体制

小学教育旨在培养学生的个人和社交技能、认知和语言能力、身体和情感发展。学生年龄通常为 7~12 岁。学制 6 年，课程涵盖语文、数学、科学、

社会科学、艺术和体育等学科。此外，学生还会接受道德教育、校外活动和义务服务等方面的培养。小学教育不仅注重学术成绩，也注重学生的全面发展和社会责任感的培养。

与幼儿园类似，新加坡的小学分为政府小学、私立小学和国际小学。

5.2.1　政府小学

一年级入学

新加坡政府小学的新学期从 1 月开始，报名从前一年的 5—6 月开始。政府小学在一年级入学报名时，允许外国学生申请，而且不用考试。但是名额有限，要等到本国公民和永久居民的学额都分配完之后，才用剩余的名额招收外国学生。新加坡政府小学小一注册流程如下：

插班入学

国际学生插班进入政府小学学习需通过新加坡教育部组织的国际学生招生考试（AEIS）和补充国际学生招生考试（S-AEIS），考试科目为英语和数学，先参加英语考试，通过后再参加数学考试。成绩合格的学生由教育部统一分配进入政府小学。

AEIS 考试时间为 9 月或 10 月，12 月公布结果。通过的学生由新加坡教育部统一就近分配名额进入政府小学，次年 1 月入学；如未通过，可参加次年 2 月或 3 月组织的 S-AEIS 考试，4 月公布结果。通过的学生可在 5 月底入学，如果没有考过，就只能再参加一次同年的 AEIS 考试。

分流机制

小学教育分为四年的基础阶段（小一至小四）及两年的定向阶段（小五至小六）。在基础阶段，学校的主要科目有英文、母语（华语、马来语或泰米尔语）和数学。三年级开始学习科学、美术和手工艺，以及音乐、体育和公民教育等其他辅助科目。

小学四年级时采取分流教育制度。通过考试和考核，把学生分成不同的层次，再分别进行具有不同要求的教育。学生依照校方决定的科目组合修读课程，在小学六年级参加小学离校考试（PSLE）。新加坡小学小四至小六阶段安排见表 5-1。

表 5-1　新加坡小学小四至小六阶段安排

小四
学生参加校内科目编班考试。
学校依照成绩，建议学生选修的科目组合。
家长填写表格，为孩子选择所要修读的科目组合

小五
学生依照家长的选择修读相关科目组合。
普通和基础课程有：英语、数学、科学和母语。
学校开设高级母语课，供母语能力强的学生修读。
学校会在年底评估学生修读当前科目组合的能力。
如有需要，学校会对学生修读的普通和基础科目的数量进行调整

小六
学生依照校方决定的科目组合修读课程，在小学六年级参加小学离校考试（PSLE）

资优学生教育计划

高才教育计划（GEP）是专门为天资优异的学生推出的教育计划。

学校会在小三时让孩子参加遴选测试。测试分为两个阶段，通过测试的学生则有机会进入高才班（GEP）。小四至小六高才班的学生将被安排在特定小学就读。高才教育所开办的课程在正规课程的基础上进一步深化，授课的教师经由教育部高才教育处精心选拔和培训。[4]

5.2.2　私立小学

新加坡的私立小学为家长和学生提供了更多选择和个性化的教育体验，这些学校通常具有更小的班级规模、更高的师生比例和更丰富的课程资源。这里介绍两所主要的私立小学：三育中小学和圣法兰西斯卫理学校。

三育中小学隶属于新加坡基督教教会学校，是新加坡教育部核准的唯一同时提供中学教育、小学教育和预备课程的自治学校，国际学生申请只需要通过学校的测试，不需要参加 AEIS 考试。三育开设的课程与政府小学完全一致，因此也被国际学生家庭作为进入政府小学的过渡学校。三育小学在 1~5 年级都设置了入学考试，6 年级也和政府小学一样，无法直接插班。

圣法兰西斯卫理学校是教会学校，学校全年接受入学申请，有空位的情况下，学生通过考试即可入学。不过与三育不一样的是，三育的学生可以参

加小六会考，而圣法兰西斯卫理学校的学生是没有这个机会的。

5.2.3　国际小学

新加坡的国际学校同样也是海外学生的选择之一。国际学校提供各种国际课程，如 IB（国际文凭）课程、英国课程和美国课程等。一般为幼儿园到高中的一贯制，因此在幼儿园阶段就可以入学。小学阶段的入学需要接受考核，特别知名的国际学校由于学额紧张，需要提前等位。对于刚入学的外国学生，大部分学校都配备了 ESL 课程，帮助学生快速提升英文水平，积极融入校园生活。

5.3　新加坡中学教育

新加坡通过小六会考（Primary School Leaving Examination，PSLE）测定学生的能力。根据学生不同的能力倾向和学习进度要求，为他们安排中学阶段的课程学习，可分为六年制的直通车、四年制的快捷（express）、五年制的技术类普通和学术类普通四种课程。[5]

5.3.1　直通车课程

直通车计划（Integrated Programme，IP）是专门为学习能力强的学生提供直通六年课程的中学—初级学院计划。小六会考优秀学生和中三优秀学生可申请转入。在完成了课程后，学生将参与新加坡教育部、新加坡考试及评核局和英国剑桥大学考试局共同主办的新加坡剑桥 A 水准考试（The Singapore-Cambridge General Certificate of Education Advanced Level Examinations，GCE A-Level），以获得的成绩为标准申请进入新加坡政府 6 所大学（新加坡国立大学、南洋理工大学、新加坡理工大学、新加坡社会科学大学、新加坡管理大学和新加坡科技与设计大学）或是英国、澳大利亚、中国香港的知名大学。

GCE A-Level 课程体系按照难度分成 H1、H2 和 H3 三个等级。一般来说，H1 相当于 AS-LeveL 水平（Advanced Subsidiary Level，是 A-Level 的一半），H2 相当于 A-Level 水平。H3 是 H2 的延伸，包含更有深度、更高级的学习内容，在某一学科出色的学生可以选择 H3 学习。学生一般考 6 科，其中有 3 科必考［英文理解与写作、母语（中文）、数学］，另外 3 科可以从理科（物理、化学、生物、会计）和商科（经济、商业管理、历史、地理、艺术）两个方向选择。

5.3.2　快捷课程

快捷课程是 4 年制课程。学生在完成 4 年制课程后将参加新加坡教育部、新加坡考试及评核局和英国剑桥大学考试局共同主办的新加坡剑桥 O 水准考试（The Singapore–Cambridge General Certificate of Education Ordinary Level Examinations，GCE O–Level）。

GCE O–Level 的必考科目是英文、高等数学（中国高一水平）、初等数学（中国初三水平）和中文，选考科目是物理、商科、会计等，可自选一门科目。GCE O–Level 成绩优秀，可升读初级学院（相当于中国高中），学制 2 年，之后参加 GCE A–Level 考试。GCE O–Level 成绩差，可就读 3 年制的政府理工学院（新加坡理工学院、淡马锡理工学院、南洋理工学院、义安理工学院、共和理工学院，相当于中国大专），或者选择私立学院，其中代表学校有管理发展学院（Management Development Institute of Singapore，MDIS）、新加坡楷博高等教育学院（Kaplan Higher Education Academy，KHEA）、东亚管理学院（East Asia Institute of Management，EAIM）。

5.3.3　普通课程

普通课程为 5 年制。学生将在中四参加新加坡教育部、新加坡考试及评核局和英国剑桥大学考试局共同主办的新加坡剑桥 N 水准考试（The Singapore–Cambridge General Certificate of Education Normal Level Examinations，GCE N–Level）。具体分为两类。

1. 普通（学术）课程

学生在中四先考普通（学术）水准考试［Normal（Academic）Level Examinations，N（A）Level］，通过后进入第 5 年的学术课程，再参加 GCE O–Level。

2. 普通（技术）课程

学生在中四先考普通（技术）水准考试［Normal（Technical）Level Examinations，

N（T）Level]，通过后进入工艺教育学院（Institute of Technical Education，ITE）攻读技术类文凭（相当于中国的技校），不需要参加 GCE O-Level。学生拿到技术文凭后可直接进入技术劳工市场。

GCE N-Level 的必考科目是英文理解与写作、母语（中文）和数学。选考科目中，理科方向可选物理、化学、生物和会计，商科方向可选经济、商业管理、历史、地理和艺术。学术成绩优异的学生有机会申请进入快捷课程参加 GCE O-Level。

5.3.4 其他

5.3.4.1 中学直接招生计划

中学直接招生计划（Direct School Admission，DSA），是新加坡主流教育系统下针对中学和高中招生的方式。分为两种：一种是小升初 DSA-Sec，是针对小六考生升入中学（Secondary School）的招生计划；另一种是DSA-JC，是针对中学考生升入初级学院（Junior College，JC）的招生计划。

申请 DSA 的才艺内容分为学术类和非学术类，大致有以下 7 项：①体育和游戏；②视觉（美术、文学和表演艺术）；③辩论和公开演讲；④科学、数学和工程；⑤语言与人文；⑥制服团体；⑦领导力。

DSA-JC 项目允许学生通过除 GCE O-Level 成绩之外的特长或者成就来申请 JC。与此同时，DSA-JC 项目可以让学生在 JC 中选择适合自身发展的学术和非学术项目。报考前提通常是学生必须具有优秀的学习成绩（数学、科学、华文、英文）或者其他突出的才艺，譬如体育、书画、音乐等，要参照各个中学的辅助课程（Co-Curricular Activities，CCA）设置和要求。

5.3.4.2 中学学术水平鉴定考试

中学学术水平鉴定考试（Junior College-Principals Academy Certification Test，J-PACT），又称为新加坡的初级学院入学考试，由新加坡校长学会举办。在新加坡属于大学预科教育，是面向国际学生及海归新加坡公民、新加坡永久居民进入新加坡初级学院 / 励仁高级中学的入学能力测试。励仁高级中学（Millennia Institute，MI）或称"励仁高中"，是新加坡唯一的三年制高级中学，其余皆为两年制的 JC。

J-PACT 考试只测试英文和数学两个科目，学生通过 J-PACT 考试成绩可获取 JC 的入学许可证。J-PACT 允许考生在新学年的开始，也就是每年的 1 月、2 月申请进入 JC，目的是让希望进入新加坡 JC 的学生简化申请及录取流程。由于考生没有充足时间应对即将于年底举行的 GCE A-Level，因此不允许报考 JC 二年级和三年级，只能报考一年级。考生的年龄为 16~18 岁（从进入 JC 当年的 1 月 1 日开始计算）。

5.3.4.3　其他国际学生考试

1. 国际剑桥 A 水准考试（Cambridge International Examinations Advanced Level Examinations，CIE A-Level）

这是由英国剑桥大学国际考评部门（Cambridge Assessment International Education，CAIE）正式授权开设的，其证书被几乎所有以英语授课的大学作为招收新生的入学标准，并且全球考生都可以参加，因此又被戏称为"国际高考"。CIE A-Level 学制一般为两年：第一年称作 AS（Advanced Subsidiary），学生通常选择自己最擅长且最有兴趣的 3~4 门课程，通过考试后获得 AS 证书；第二年被称为 A2，学生可选择 AS 水准中最优秀的 3 门课程继续学习，通过考试后获得 A-Level 证书。英国国家考试局于每年 5—6 月和 10—11 月在全球统一组织考试，成绩分别在 8 月和次年 2 月公布。成绩分为 A、B、C、D、E、U 六个等级，A 为最优，E 为通过、U 为不及格。如果学生对某门课的成绩不满意，可以选择重考，最终以成绩最好的一次为准。

2. 国际文凭教育项目考试（International Baccalaureate Examinations，IB）

这是由总部设在瑞士日内瓦的国际教育基金会（International Baccalaureate Organization，IBO）组织设计、推广的项目。分为四个级别：① PYP（Primary Year Program）针对 3~12 岁儿童，对应于中国小学阶段的课程项目；② MYP（Middle Years Program）针对 11~16 岁少年，对应于中国初中阶段的项目；③ DP（Diploma Program）针对 16~19 岁学生，对应于中国高中阶段的课程项目；④ CP（Career-related Program）针对 16~19 岁学生，是以职业技能为导向的职业课程项目。

3. 美国大学先修课程（Advanced Placement，AP）和学术能力评估测试（Scholastic Assessment Test，SAT）

AP 是由美国大学理事会提供的在高中授课的大学课程，是学科考试而

非托福类的语言测试，有 22 个门类、37 个学科。AP 考试的成绩使用 5 分制，考生可以获得 1 分、2 分、3 分、4 分或者 5 分。SAT 由美国大学理事会主办，简称"美国高考"。SAT 考试满分 1600 分，其中阅读文法 800 分、数学 800 分。新加坡承认 AP 学分和 SAT 成绩为其入学参考标准。

5.4 新加坡高等教育

高等教育是整个教育体系的一部分，其目的是为经济和社会的发展培养高素质人才，最重要的任务就是在国家面对问题时，引导人民思考，启迪民智。

在新加坡，中学毕业后可选择的教育分为大学和中学后教育两类。大学指传统意义上的高等教育机构，而中学后教育则包括初级学院、理工学院、工艺教育学院，以及其他培训机构。不超过 30% 选择中学后教育的学生能够进入本地知名大学继续深造。

5.4.1 公立高等教育机构

新加坡高等教育机构有公立和私立之分。

公立高等教育机构由公立大学和公立学院组成。公立大学主要有新加坡国立大学（National University of Singapore，NUS）、南洋理工大学（Nanyang Technological University，NTU）、新加坡管理大学（Singapore Management University，SMU）、新加坡科技与设计大学（Singapore University of Technology and Design，SUTD）、新加坡理工大学（Singapore Institute of Technology，SIT）、新加坡社会科学大学（Singapore University of Social Sciences，SUSS）。其中，新加坡国立大学与南洋理工大学在 2022 年 QS 世界大学排行榜中分别位列第 11 和第 12。

公立学院主要包括新加坡理工学院（Singapore Polytechnic，SP）、义安理工学院（Ngee Ann Polytechnic，NP）、淡马锡理工学院（Temasek Polytechnic，TP）、南洋理工学院（Nanyang Polytechnic，NYP）、共和理工学院（Republic Polytechnic，RP）。

5.4.2　私立高等教育机构

私立高等教育机构主要以拉萨尔艺术学院（LASALLE College of the Arts，LASALLE）、南洋艺术学院（Nanyang Academy of Fine Arts，NAFA）为代表，均以培养高质量艺术类专业人才闻名。此外，新加坡政府设有建筑与施工管理局（BCA Academy of the Built Environment，BCA）、新加坡民航学院（Singapore Aviation Academy，SAA）、新加坡知识产权局（Intellectual Property Office of Singapore，IPOS）等附属教育机构，通过特定的课程考试，发放专属的文凭和学位，但这些机构不受新加坡高等教育机构管辖。

5.4.3　公立大学简介

新加坡政府给予六所公立大学在办学方面充分的自主权，使每所大学都能够发展自己的风格和文化，并在追求卓越的过程中选择自己独特的道路。尽管南洋理工大学接近一所综合性大学，但它并不是新加坡国立大学的复制品，因为它的核心优势仍然是工程专业。新加坡管理大学（SMU）的独特之处在于其互动性非常强的教学风格，而新加坡科技与设计大学（SUTD）则以其基于项目的学习著称。新加坡理工大学（SIT）专注于培养具备社会所需应用技能的毕业生，而新加坡社会科学大学（SUSS）专注于成人学习和继续教育。每所大学都有自己独特的教学方法。

5.4.3.1　新加坡国立大学（简称国大）

国大是新加坡最古老、规模最大、声誉最高的综合性大学，成立于1905年，其前身是斯特朗诺斯医学院。发展至今，国大已是一所拥有 3 个校区、17 个学院，近 50000 名师生员工的综合性研究大学，涵盖了艺术、人文、社会科学、商学、工程、科学、医学等多个领域。百余年来，国大培养了众多政商名流、科学家、学者、艺术家等，是亚洲乃至全球高等教育的重要中心之一。目前，国大研究工作的焦点是，如何善用数据科学、运筹学及网络安全，为国家实现智慧国愿景提供支援。

优势学科：在 2022 年 QS 世界学科排名中，国大共有 16 个学科进入全球前 10 位，分别是石油工程学（第 1 位）、土木工程（第 2 位）、化学工程（第 3 位）、计算机科学和信息系统（第 4 位）、社会政策与行政（第 4 位）、

电子电气工程（第4位）、地理学（第5位）、材料科学（第5位）、建筑和建筑环境（第6位）、社会学（第6位）、化学（第7位）、统计和运筹学（第8位）、机械工程（第9位）、数学（第9位）、法律和法律研究（第10位）、政治学（第10位）。

本科申请条件：

① 高考成绩（高于生源地本科第一批次录取分数线至少100分）+ 英语能力证明（见表5-2）+ 综合能力（课外活动和竞赛中取得的杰出成绩）。

表5-2　英语能力要求

测试名称	最低可接受分数 / 分
C1 高级或高级剑桥英语	180
雅思	总分 6.5，阅读和写作部分 6.5
PTE 学术或 PTE 学术在线	总分 62，阅读和写作部分 62
托福	92~93

注：成绩的有效期为两年，仅考虑申请截止日期前两年内获得的分数。

② 不参加高考的高中三年级学生可通过出示 ACT 和写作或 SAT，连同 SAT 科目考试及高中成绩单申请。有关 ACT、SAT 科目考试的更多要求，请参见：https://www..nus.edu.sg/oam/docs/default-source/international-qualifications/act_sat_2022.pdf?sfvrsn=5fa2b991_20。

③ 参加新加坡 "A-Level" 考试录取标准参考表5-3。

表5-3　新加坡国立大学（NUS）

专业	A 水准要求（3H2/1H1）		录取名额
	10th percentile	90th percentile	
商管 Business Administration	ABB/C	AAA/A	871
商管（会计） Business Administration （Accountancy）	ABB/B	AAA/A	231
法律 Law*	AAA/A	AAA/A	234

续表

专业	A 水准要求（3H2/1H1）		录取名额
	10th percentile	90th percentile	
医药 Medicine*	AAA/A	AAA/A	303
护理 Nursing*	CCC/C	AAA/C	338
建筑系 Architecture*	CCC/C	AAA/A	159
计算机工程 Computing Engineering	AAA/C	AAA/A	197
电气工程 Electrical Engineering	BCC/B	AAA/A	212
计算机科学 Computer Science	AAA/A	AAA/A	777
商业分析 Business Analytics	AAA/A	AAA/A	271
人文科学 Humanities and Science	ABB/B	AAA/A	2100

注：1. 该分数线来自 2021/2022 学年数据，仅供参考。

2. 标 "*" 号的专业需要面试。

3. 完整版各专业分数线要求请至 NUS 官网查询。

研究生申请条件、最新录取要求及申请流程请至国大官网查询（https://www.nus.edu.sg/oam/apply-to-nus/international-qualifications）。

5.4.3.2　南洋理工大学（简称南大）

南大成立于 1991 年，是新加坡规模最大的科技型大学，有来自 79 个国家的近 40000 名师生员工，分布于文学院、理学院、工学院、商学院、研究生院、国立教育学院，以及与伦敦帝国学院联合创办的李光前医学院等。南大坐落于新加坡西北部，校园占地面积达 200 公顷，拥有先进的教学和科研设施，以培养创新型人才为宗旨，提供工程、商科、人文、科技、社会科学等多个领域的本科、研究生和博士课程。南大被广泛认为是亚洲顶尖的大学

之一，并连续多年位居全球年轻大学榜首，是世界各地学生和学者前往新加坡留学和开展合作的重要选择。

优势学科：在 2022 年 QS 世界学科排名中，南大共有 7 个学科进入全球前 10 位，分别是材料科学（第 3 位），电气与电子工程（第 4 位），通信与媒体研究（第 5 位），机械、航空与制造工程（第 7 位），化学工程（第 7 位），化学（第 7 位）。

申请条件：南大将本科、研究生与继续教育不同阶段、各类专业的专业特色、入学要求、课程大纲与职业前景等信息均集成在网页数据库中，可以在其网站（https://wcms-prod-admin.ntu.edu.sg/admissions）找到相关专业信息。

5.4.3.3　新加坡管理大学（简称新大）

新大成立于 2000 年，以商业、管理、社会科学和法律为主要研究领域，是培养具备全方位才能、创意和商业头脑的领导者的综合性大学。新大的教育模式注重创新和实践，学校与许多国际知名企业和组织有密切合作，为学生提供了许多实习和实践机会；同时，小班教学模式、师生互动紧密，以及高效运用科技手段教学也是其独树一帜的办学特色。目前，共有近 11000 名师生员工分布于 6 个学院——会计学院、李光前商学院、经济学院、计算机与信息系统学院、法律学院、社会科学学院。由于新大只开设商科、信息技术和少量社会科学，因此在综合性大学排行榜中不占优势。2022 年 QS 世界大学排行榜中新大列第 511 位，但在 UTD 世界知名商学院排名中，新大李光前商学院列亚洲第 3 位、全球第 37 位。

优势学科：在 2022 年 QS 世界学科排名中，新大共有 4 个学科进入全球前 150 位，分别是商业与管理（第 36 位）、会计与金融（第 49 位）、经济与计量经济学（第 60 位）、计算机科学与信息系统（第 104 位）。

参 考 资 料

[1] 新加坡教育部官网 [EB/OL].（2022-11-11）.https://www.moe.gov.sg/.

[2] 狮城新闻.新加坡的学前教育如此特别！ [EB/OL].（2022-11-11）.https://

www.shicheng.news/v/3xV56.

[3] 新加坡新闻头条 . 新加坡幼儿园教育知多少？[EB/OL].（2022-11-15）.https://toutiaosg.com/.

[4] 新加坡教育网 . 新加坡小一入学报名即将考试，家长同学们都准备好了吗？[EB/OL]（更改或修改日期）.（2022-11-15）.https://www.iedusg.com/show-90-26882-1.html.

[5] 新加坡新闻网 . 新加坡国考之小六会考 PSLE[EB/OL].（2022-11-20）.https://www.sgnews.co/51535.html.

（本章作者：尤适　郑斐斐　黄毅　郑景日）

第6章

新加坡可持续的医疗保健系统

6.1 新加坡医疗保障系统

新加坡建立了"公私兼顾，公平有效"可持续的全民医疗保障系统，由政府和公众（通过公积金缴费）提供资金。同时，大约 66% 的新加坡公民还拥有私人医疗保险计划，以补充全民医疗保障系统未覆盖或超过覆盖范围的部分。

新加坡建立了世界上首个储蓄性医疗保障制度。它始于 1977 年，是一项面向全体公民、根据年龄缴费的制度。35 岁以下缴纳本人工资的 6%，36~44 岁缴纳本人工资的 7%，45 岁以上缴纳本人工资的 8%，由雇主和雇员各承担一半。储蓄账户只限支付住院费用和少数昂贵的门诊费用，可一家三代（父母、子女、夫妻）共同使用。住院费用由国家补贴、个人医疗账户和个人三者承担，而不是全额由个人承担。保险储蓄账户虽属个人所有，但有严格的提取限额，超额部分由个人自理。住高级病房，个人自付部分相应提高。新加坡在 1990 年又实施了"健保双全"——大病保险费可以从"保健储蓄"账户中支出。至此新加坡形成了自己独特的个人纵向积累与横向统筹共济相结合的医疗保险模式。

新加坡的医疗保障系统（3M 计划）分为三个部分：医疗储蓄计划（MediSave）、健保双全计划（MediFund）和保健基金计划（MediShield Life）。

医疗储蓄计划

医疗储蓄是一个全国性的、带有强制意味的储蓄计划，帮助个人储蓄存款，以用于支付将来的住院费用。每个已经工作的人都必须参加这个储蓄项目，都会拥有自己的账户，专门用来缴纳住院费用。同时，医疗储蓄也可以

用来支付父母、配偶、子女等直系家属的住院费用。该计划采用强制储蓄基金的形式，人们根据自己的年龄，支付工资的 8%~10.5%。它适用于除重大医疗灾难外的大多数医疗类型。任何使用医疗储蓄计划的治疗都是由政府资助的。可以根据患者决定住在什么级别的病房，获得相应的钱来补贴他们的住院费。越好的病房将得到越少的政府补贴。例如，选择住在 C 级病房（8 张床位，往往不安装空调，依靠自然通风）可以得到 65%~80% 的政府补贴，选择 B2 病房（有 6 张床位，有空调）可以得到 50%~65% 的补贴。该计划可以确保公民支付得起公立医院 B2 或 C 级病房的费用。

健保双全计划

健保双全计划是大病保险计划，因而参加者必须在医院账单超过一定数目以后，才能获得医疗保险的福利。在资金分配上，超过部分的 80% 由医疗保险支付，剩下的 20% 自付或用医疗储蓄金支付。

计划不是强制性的，可以自愿选择，但这一计划是在重大疾病的情况下的一种保护因素，否则会造成灾难性的经济影响。昂贵的门诊服务，如化疗或高额的医院账单，都可以得到健保双全计划的保障。

保健基金计划

保健基金是由新加坡政府提供的特殊基金，是只为公民保留的捐赠基金，为没有能力负担公共医疗费用的公民提供救助。[1]

新加坡公民、永久居民、外籍居民之间在享受医疗保障服务上有着显著区别。按照新加坡医疗系统的规则，公民将从中获得最大的收益。在医疗储蓄（MediSave）计划等举措中，公民享受到最多的福利，永久居民紧随其后，外籍人士则无法享受上述三种计划。

外籍人士可以参与投资 Integrated Shield 计划，这是一个将医疗储蓄账户与补充性私人医疗保险相结合的混合融资系统。但在这个计划中，依然是公民收益最多，外籍人士无法享受到与新加坡公民相同的补贴水平。所以，外籍人士只能使用国际健康保险计划来获得新加坡的医疗健康服务。

6.2 新加坡的分级诊疗制度

新加坡的医疗资源比较丰富，在 2021 年的统计数据中，新加坡人口与医生的比率为 600∶1。实施的是分级诊疗制度，分为初级医疗服务（Primary）、医院服务（Hospital）、中长期护理服务（ILTC）三个等级。2022 年，新加坡政府推出了"Healthier SG"的长期性医疗保健计划，通过补贴的方式鼓励居民选择住家或公司附近、之前熟悉的或雇主指定的医生名单的诊所，并固定就诊一名全科医生作为注册家庭医生，建立连续的诊疗关系，加强预防性的调养和护理医疗。

初级医疗服务由 20 家公立综合诊所（Polyclinics）和大约 2500 家私立全科医生诊所（General Practitioner）负责，主要提供常见病的门诊、复查、健康检查、疫苗注射、药房服务等。从接诊数量来看，80% 的初级医疗服务由私人诊所承担。新加坡提供初级诊疗服务的诊所遍布全岛，每个社区基本都有几家诊所覆盖。当患者遇到常见的基础疾病，比如感冒发烧、胃肠炎、皮肤病等急性病，或者糖尿病、高血压等慢性病时，在诊所就可以得到诊疗。如需要到医院进一步检查治疗时，诊所医生会写推荐信给医院专科医生，患者根据诊所协助预约的时间到医院就诊。使用全民医疗保健计划的患者会更多地被转诊到公立医院，而使用私人医疗保险计划的患者则会更多地被转诊到私立医院。

医院服务由拥有完善的医疗设备和专科医生的 19 家医院负责，包括 10 家公立医院、8 家私立医院，以及 1 家非营利性医院，这些医院提供住院治疗、专科门诊和 24 小时急救服务。从病床数量分布看，公立医院占 83%、私立医院占 14%、非营利性医院占 3%。从接诊人数上看，80% 的医院服务由公立医院承担。在新加坡医院往往看不到排队现象，因为患者大多数都是通过诊所预约医院的就诊时间。如患者没有在诊所就诊，而是自己直接联系医院预约医生就诊，则使用全民医疗保健系统的患者将在一般收费标准的基础上被相应加价，且医保报销额度要比使用诊所转诊证明的额度低 10%~20%；而使用私人医疗保险计划的患者除了在一般收费标准的基础上被相应加价，还需自付 5% 的诊疗费用，且无法通过保险报销。

中长期护理服务分为社区护理和医院护理，服务对象主要是出院后处于康复期的患者及身体虚弱需要人照看的老人或残障人士。社区护理包括居家护理（Home-based）和社区中心护理（Centre-based），主要为体弱多病的老人提供在家里或者在社区康复中心内的服务。医院护理（Residential

ILTC）包括社区医院（community hospital）、疗养院（nursing homes）、住院临终关怀（Inpatient Hospice Palliative Care），以及为精神病康复者提供的康复之家或收容所。疗养院由公立、私立和非营利性机构三方共同提供，病床占比分别为 39%、24% 和 37%。社区医院和临终关怀主要由公立机构和非营利性机构提供，公立机构和非营利性机构在社区医院病床中的占比分别为 55% 和 45%，在临终关怀中心的占比分别为 20% 和 80%。患者在医院专科治疗结束后，如有后续的治疗需求，则由医院转入中长期护理服务，由家庭医生或对应的社区诊所跟进患者病情，继续进行护理或康复。[2]

6.3 新加坡医疗服务体系

为确保医疗服务体系公平可靠地运转，新加坡卫生部直接通过控股公司和关联机构提供医疗服务。一是管理综合保健机构（公立医院、私立医院、诊所等），建立监管体系；二是为公共医疗系统提供技术系统服务。例如，卫生科学局负责监管卫生保健产品的质量、安全和供应，中央公积金委员会负责上述各项医疗计划，健康促进委员会负责在新加坡社会推广健康的生活方式等。

医院机构的种类

（1）私立医院。新加坡目前有 10 家私立医院，大多由 3 个医院集团管理：莱佛士医疗集团（Raffles Medical Group）、太平洋医疗集团（Pacific Healthcare Holdings）、百汇控股（Parkway Holdings）。私立医院通常比公立医院规模小，患者享受更多的私人护理，看病的体验会好一些。

（2）新加坡的诊所。新加坡诊所分政府诊所和私人诊所，每一个社区都有一个政府诊所、多个私人全科医生开的诊所。政府诊所和私人诊所都需要预约排队，政府诊所享受政府津贴，看病价格较低，患者多、排队长。私人诊所相对较多，有 2500 多家，遍布全岛各个角落，相应的价格较贵，排队的人也少。

在新加坡看病的特点是挂号费比较贵，药品相对便宜。例如，可能去看个专科医生的挂号费要 150 新加坡元，药费可能只需要 20 新加坡元。因为普通的疾病大部分开支都用在医生的挂号费上，也就是用在医生的报酬上，这样带来的好处就是，医生基本不必通过多开药来维持收入。

参 考 资 料

[1] SPCI.新加坡的医疗保障，您需要知道的一切 [EB/OL].（2022–08–07）.（2020–04–12）.https://www.spic.com.sg/zh/healthcare–singapore–all–you–need–to–know/.

[2] 刘劲 . 新加坡模式研究（8）：超级理性主义在医疗体系中的应用 [EB/OL].（2022–08–11）.

（本章作者：刘文先　刘昊　刘明　黄毅　章文峰）

第 7 章

白衣人与高效政府

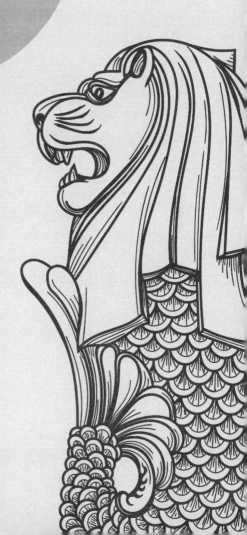

李光耀总理可能从未想到，在他 42 岁的时候，需要担起管理一个独立国家的重任，照顾 200 万新加坡人的生计。众所周知，新加坡原本是一个重要的海运物流贸易站，但是与马来西亚分离之后，很多人都认为独立后的新加坡将走投无路。

1965 年 8 月 9 日，新加坡独立，成为一个自然资源极其匮乏的国家。在半个世纪后，新加坡惊人地成为全球重要的经济体、重要的人才和金融交汇中心。那么新加坡是如何实现惊人的成功转型的呢？笔者认为，新加坡的成功主要在于精英制度下形成的高效廉洁政府，正如"大海航行靠舵手"一样，一个国家的国泰民安、繁荣富强不仅需要国民为之努力奋斗，更需要一个出色务实、有前瞻性的领导层来统筹规划、部署实施。

本章，让我们一起了解新加坡政府、人民行动党及其治国理政的理念。

7.1 白衣人

人民行动党（People's Action Party，PAP）是新加坡政府的执政党，成立于 1954 年。它是新加坡最大的政党，也是新加坡政治历史上重要的政治组织之一。

人民行动党的创始人是李光耀先生，他是新加坡的第一任总理，并长期领导人民行动党执政。人民行动党在新加坡的政治、经济及社会发展中发挥着极其重要的作用，它不仅在国会中拥有绝对多数议席，而且在新加坡政府中拥有强大的权力和地位，在新加坡的经济、社会、政治等方面带领新加坡人民取得了重要的成就。

推动新加坡的现代化和经济发展

人民行动党致力于推动新加坡的现代化和经济发展。在李光耀的领导下，人民行动党采取了一系列重要的政策和措施，包括实行一种基于市场的经济模式，鼓励外商投资，大力发展制造业，加强教育和培训等，使新加坡逐渐成为一个具有全球竞争力的国家。这些政策的实施使新加坡的经济迅速发展，国家的财富及人民的生活水平也不断提升。

倡导多元文化和民族和谐

人民行动党一直致力于建立一个多元文化的和谐社会。在新加坡，不同的族群、宗教和文化之间的融合和共存一直是一个重要的议题。人民行动党领导人通过推动教育、文化、社区等方面的政策，鼓励不同族群之间的交流和互动，强调新加坡是一个多元文化社会的事实，并倡导各族群之间的互相理解和尊重。这种理念和做法让新加坡拥有了一个稳定、和谐、包容的社会。

推动新加坡的民主化和社会进步

人民行动党一直强调推动新加坡的民主化和社会进步。尽管人民行动党是执政党，但它非常重视遵循民主和法治的原则。人民行动党支持选举和投票的制度，鼓励人民参与政治和社会事务，同时推动新加坡的社会进步，包括推行公共医疗、社会福利、住房和交通等政策，以提高人民的生活质量。在人民行动党的领导下，新加坡成了一个安全、有序、繁荣、和谐稳定的国家。

需要强调的是，人民行动党是一个由精英组成的政党，其党员分为干部党员和普通党员两种。人民行动党的存在在社会上并不明显，而是隐形的，类似经济学中说的"看不见的手"，因为政党必须融入社会中，成为社会的重要组成部分。新加坡的政治人物来自社会各个阶层，正是这样才能更好地团结民众，如果一个政党变成了脱离社会的只顾谋求自身利益的既得利益集团，那么这个执政党很可能就会陷入危机之中。

新加坡政府事务的管理权是开放的。任何新加坡社会阶层的成员只要通过自身的不懈努力，并且通过相应的考试遴选，就可以进入新加坡社会的管理服务阶层。这种面向公众的开放性，就是新加坡政府管理和社会的巧妙连接，无论是在新加坡政府的合法性、管理水平还是在社会稳定方面，都扮演了重要的角色。

新加坡政府的政治精英中，大多数是通过社会为执政党培养而成的。也就是说，新加坡的很多政治领袖并不是执政党内部的干部，而是从新加坡的社会各界引进遴选出来的人才。在 20 世纪 70 年代，人民行动党招募了后来成为新加坡总理的吴作栋先生，以及成为新加坡副总理的陈庆炎先生。在 20 世纪 80 年代和 90 年代，新加坡政府又招募了现任总理李显龙先生和副总理黄根成先生等精英人才。这些领袖人物在进入新加坡执政党担任主要的领导职务之前，大多数都是在各自领域中有所成就的精英人才，他们的加入是为了服务国家和人民。因此，新加坡政党中很少有"党龄"这一说法，只要有能力、有担当，就有可能成为党的一员。这种做法维持了政党的开放性，向社会开放避免了政党成为既得利益集团的问题。

另外，新加坡政府的高薪制度也是一个重要的特点。在新加坡政府中担任要职的部长级领导干部的高薪水是众所周知的，但人们通常会将高薪和廉洁联系在一起。然而，需要指出的是，高薪制度不仅是为了实现廉洁的目标，更为重要的是吸引社会精英人才。正如前面提到的，新加坡的许多政治人才都来自社会各个领域。这些人才在企业界可以获得数百万新加坡元的报酬，那么有什么激励方法吸引他们到新加坡政府中任职且只获得更少的薪酬呢？因此，要吸引这些来自社会各个行业的翘楚，政府需适当提供相应的报酬。当然，高薪制度的可行性取决于新加坡政府的精英治国制度。如果新加坡政府的干部队伍过于庞大，那么其高薪制度也就难以顺利推行。

新加坡政府的高薪廉政政策表现出了卓越的前瞻性和领导力，是避免或者减少公务员队伍中产生腐败的一项成功举措。在许多国家，政府公务员的较低薪酬回报是产生腐败问题的第一源头，无论是在民主还是非民主政治制度下都是如此。在过去，在一个国家担任公务员的人，大多来自实力雄厚的家族或社会中有名望的群体，这些群体大多情况下都拥有很强的经济实力，当然一些人群选择从政并不是为了追求经济利益。但在现代社会，一个国家的竞选人员只要获得符合宪法或者相关法律规定的选票要求或得到上级领导的委任，大多数社会精英都可以成为政府的公务员。然而，一些政府公务员的家庭经济条件原本就很一般，如果在政府获得的薪酬回报比较低，这些薪酬难以维持他们的日常生活，例如住房、医疗、子女教育等现实中的刚性需

求，就难以避免一些政府公务员利用职务或者权力，产生寻租或者腐败的行为。

7.2　新加坡政府概况

新加坡是东南亚一个独立的城市国家，它的政府是一种议会制政府，由行政、立法和司法三个部门组成。根据新加坡宪法，行政权力属于总理和内阁，立法权力属于议会，司法权力则由独立的法院行使。

新加坡总理为政府首脑，从国会席位中占多数的政党中产生，其领导的内阁拥有行政权。内阁则是总理指定的高级政府官员团队，负责治理国家的日常事务。议会分为国会和总统理事会两个部分。国会由议员组成，议员由人民选举产生，负责立法和监督政府。新加坡总统直接由民选产生，为国家元首，任期六年。总统一职需由无党派人士参选，当选后需持无党派立场，同时掌握国家储备的第二把钥匙。

1965 年新加坡独立后，李光耀先生成为建国总理，他曾告诉新加坡的高级公务员，不要以为加入了政府部门就会自动逐步擢升，只有工作表现优异的公务员，才会获得擢升。这种唯才是用的理念，决定了招聘公务员和给予相应合理报酬的原则。

李光耀留意到一些持一等荣誉学位的毕业生，在总检察署工作约三年后就辞职，出来自己创业。那些留下来的二等荣誉生到法庭负责主控案件时，面对的辩护律师就是那些一等荣誉生。在这种情况下，假设法律证据对主控官不利，再加上辩护律师运用机智的头脑应对，犯罪分子就有机会逍遥法外。李光耀认为，那绝不是他对"好政府"的定义。为了不让优秀人才外流到私人企业，李光耀逐步调整公务员薪金，加速擢升人才，缩小公务员和私人企业员工之间的工资差距。

李光耀唯才是用的理念，与新加坡国土面积小和先天不足的脆弱性息息相关。这也是独立后的新加坡无法逃避的现实。环顾周遭，邻近国家对新加坡所取得的成就怀有戒心，经常显露出不友善的一面。新加坡的建筑工程和填土计划需要用到沙，邻国就以此牵制新加坡，马来西亚和印度尼西亚分别在 1997 年和 2007 年，禁止供沙给新加坡，迫使新加坡必须从更远的地方买沙。领土面积狭小也意味着新加坡的领空有限，邻居趁机拒绝让新加坡空军使用某些飞行区。如果新加坡的海道也被切断，商业活动就会全部停滞。

新加坡假如没有比邻国更优秀的政府和人民来保护自己，将无法生存。新加坡没有太多犯错的空间，不能容许一个平凡的政府执政，如果没有出类拔萃的人才领导国家，新加坡就会走向失败和没落。

新加坡政府采用了许多行之有效的政策和措施，如产业政策、税收政策、社会福利政策、教育政策等，旨在努力促进新加坡经济的高质量发展，提升新加坡人民生活水平，以及建设一个稳定、安全、公正和有序的社会。近年来，新加坡政府也非常注重科技创新和数字化转型，致力于打造一个具有全球竞争力的智慧国家。

总的来说，新加坡政府在过去五十多年里取得了辉煌成就，被公认为是一个高效、透明和富有成效的政府。

7.3　新加坡政府法定机构

新加坡政府法定机构（Statutory boards of the Singapore Government）是根据新加坡议会法案成立并给予自治权的新加坡法定组织。通常每个法定机构有固定的上级政府部门作为汇报对象。

新加坡法定机构作为公共管理的重要参与部门，兼具公共性与企业性，经过不断演变、改革和发展，推动了经济社会发展，促进了机构高效廉洁运转，对推动公共治理和服务发挥着重要的作用。

法定机构最早可追溯到海峡殖民时期的货币委员会。新加坡于 1960 年 2 月设立首个法定机构（建屋发展局）。法定机构是新加坡有限公共资源限制下的主动选择：由于殖民时期法定机构先天不足，加之传统公务员系统刻板的规定和灵活性不足，传统公共部门效率不高，人才向私营部门流失等问题不利于新加坡建国后实施社会经济发展计划。同时，这也加速了法定机构的设立和改革发展。

法定机构的组织模式和运营方式使其兼具"半政府"与"半企业"的特征：一是具有法律专门赋权。法定机构根据专项立法成立并被赋权，议会法案明确机构性质、功能定位及职权范围，隶属某个政府部门并具有公共属

性，但不属于公务员系统，不享有政府部门的法律特权和豁免权。二是具有独立自主性质。参照企业运营模式，在公司治理、组织人事、财务管理等方面独立于政府，人员招募、资金来源上具有市场化特征，行使职能上具有更高的灵活性与自主性。三是监督管理公开透明。如财务管理方面既受社会公众的监督，也受政府的监管，政府可审计其财务情况，保障了其作为公共部门的廉洁和公信力。

新加坡自设立建屋发展局至今，通过原机构扩展、机构新设、解散新设、合并重组、机构升级等方式，法定机构已发展至 65 个。其在履行促进经济发展、公共住房保障、发展基础设施和基本服务、教育文化旅游、金融中心建设、环境保护与公共卫生等八大职能过程中发挥了重要作用。如作为"居者有其屋"施政纲要首个践行机构，建屋发展局坚守公共房屋保障的职能定位，因地制宜制定适合本国发展的政策，主动克服发展中的不利因素，加大资金投入力度并注重高素质人才招募，修改和完善招投标流程，加大监督力度等，持续推进公共房屋建设，成立六年后将公共房屋的居住比例由成立初的 9% 提高至 49%，现已超过 80%。经济发展局大力推动招商引资、增加就业岗位。2021 年数据显示，新加坡吸引了 118 亿新加坡元（约合 87.8 亿美元）的商业投资承诺，超出中长期目标，新增就业岗位 17376 个，竞争力排名回升至全球第三位。法定机构的专注、专业和廉洁高效，使人民行动党施政纲要得到有效落实，促进了经济发展和社会稳定，保障了人民安居乐业，维护了长期执政基础。

7.4 淡马锡与"淡马锡模式"

淡马锡控股（私人）有限公司［Temasek Holdings（Private）Limited，以下简称淡马锡］是新加坡政府为推进国有企业改制而于 1974 年根据当地公司法成立的国有企业。截至 2022 年第一季度，淡马锡投资组合总值约 4030 亿新加坡元，自 1974 年以来的年复合股东回报率为 14%，创造了世界国有企业现代化发展中的奇迹，被人们称为"淡马锡模式"。其特点是国家控股、公司化运作、集团化管理，核心价值在于成功实现了"合力"与"活力"的有机统一，既充分发挥了国有体制聚合资源的优势，又充分发挥了市场机制配置资源的优势。

淡马锡的发展历史分为五个阶段

第一阶段（20 世纪 70 年代中期至 80 年代中期）：快速扩张期。新加坡政府设立了淡马锡控股公司，作为其国有企业的管理机构，致力于投资建设社会公共设施和发展能源、交通等产业。淡马锡因此承担起了投资关系国计民生行业的重任，成为掌管新加坡航空、银行、地铁、港务、航运、电力等领域的龙头企业。随着新加坡经济的繁荣，淡马锡也在这个阶段实现了快速的发展。

第二阶段（1985—1995 年）：战略撤资期。20 世纪 80 年代中期，新加坡出现严重的经济衰退，国有企业的业绩下滑尤其严重。新加坡政府认为需要调整政府与企业的关系以应对经济衰退。于是，国有企业按照英美"新自由主义"推行民营化，政府由直接参与企业经营活动转向为企业提供营商环境和基础设施，扶持私有经济和私营企业发展。在新加坡的 608 家国有企业中，淡马锡控股了 475 家，新加坡的私有化基本上是通过淡马锡实施的。淡马锡施行积极稳妥的撤资策略，自 1985 年起分期分批地出售了近 40 家国有公司的全部股权和 25 家国有公司的部分股权。

第三阶段（1996—2002 年）：发展低谷期。淡马锡在过去的 20 多年里实现了每年 18% 的持续高速增长，但是 1997 年东南亚金融危机使严重依赖外部经济的新加坡受到重创，淡马锡的发展也因此跌入低谷，投资回报率从 18% 降到 3%，远低于世界 500 强企业平均 13% 的水平。淡马锡的业务模式面临挑战。

第四阶段（2003—2007 年）：对外转型期。淡马锡意识到，鉴于新加坡的基础设施和工业化发展已经相当成熟，依靠国内企业投资和享受国内经济增长的策略不能再驱动其进一步发展，且由于淡马锡过度插手所投资企业，影响了企业活力。因此，淡马锡进一步推行政企分离改革，财政部不干涉淡马锡的日常经营管理与投资决策，淡马锡也不干涉"淡联企业"的日常经营管理，同时调整投资策略，积极在新兴经济体寻找投资机会。

第五阶段（2008 年至今）：挑战机遇期。2008 年全球再次遭遇金融危机，深度国际化的淡马锡积极调整战略布局和投资策略，连续 5 年提升在欧美市场的投资比例。新冠疫情发生以来，淡马锡进一步加强分散投资策略，

通过在不同地域、行业和资产类型之间进行多元化投资，降低单一投资带来的风险。在这一时期，淡马锡渡过难关，总体发展平稳，最近 10 年股东回报率为 7%。

"淡马锡模式"公司治理的主要经验

"淡马锡模式"的精髓在于其公司治理结构，可以分为两个层次：外部治理结构和内部治理结构。

在外部治理结构方面，"淡马锡模式"外部治理结构的核心经验在于理顺了淡马锡与政府的关系，实现了国有资本所有权、经营权分离。政府与淡马锡保持"一臂之距"，对淡马锡不干预、不优惠，确保淡马锡基于商业原则开展经营活动。淡马锡与淡联企业也保持"一臂之距"，对淡联企业的管理仅限于资本运营，经营管理则由淡联企业各自的董事会进行。

第一，淡马锡与新加坡财政部的关系。新加坡财政部虽是淡马锡的全资股东，但完全不干涉淡马锡的日常经营管理与投资决策，与淡马锡保持"一臂之距"。财政部的职责主要包括：派出董事；董事会人员任免；审定经营业务范围；审批重大投资项目；审核财务报表；等等。淡马锡则有义务向作为股东的新加坡财政部分红，为政府的预算作贡献。淡马锡的净投资回报贡献（NIRC）被新加坡财政部用于补充年度财政预算，这也使得新加坡政府在教育、研发、医疗和基础设施等方面能进行长期投资。

第二，淡马锡与总统的关系。民选总统代表人民，履行任命国家储备管理负责人和国家重要官员的"守门人"职责。作为宪法的第五附表实体之一，淡马锡与总统的关系体现在两个方面：一是淡马锡的董事和首席执行官在接受股东（新加坡财政部）的选任、续任或解聘时，需要总统的批准，即新加坡总统和政府以"两把钥匙才能开一把锁"的方式选任优秀的董事会成员和首席执行官。二是总统为淡马锡过往累积的储备金提供保障。除非与保护淡马锡过去的储备金有关，新加坡总统或政府均不参与淡马锡的投资、脱售或任何其他商业决策。

第三，淡马锡与淡联企业的关系。在管理自己投资的企业时，淡马锡也遵循"积极股东"和"一臂之距"的管理原则，管控重点是淡联企业的董事会建设，主要表现在三个方面：一是淡联企业独立经营、自负盈亏，由其董事会和经理层负责决策和管理日常经营活动。淡马锡的根本目标是确保所投资企业的资产增值。淡马锡不干预淡联企业的日常运营，而是通过设置盈利要求、考核财务指标等方式监管企业。二是淡马锡根据股权大小派出董事作为产权代表并监督投资公司的经营活动。在淡马锡持股比例较高的淡联企业中，其董事会主要由董事长、淡马锡派出董事、淡联企业提名董事、政府代表董事等人员组成。三是淡联企业董事会也体现了制衡原则。淡联企业董事长、首席执行官的任命需报请淡马锡批准，两者原则上不可由同一人兼任。

在内部治理结构方面，淡马锡采取独立均衡的董事会治理结构。

第一，淡马锡董事会独立于政府、独立于管理层、独立于淡联企业，有充分的自由经营决策权，这使得淡马锡董事会成功扮演了行政与市场之间的"隔离墙"、政府与企业之间的"平衡器"角色。目前，淡马锡董事会有 13 名董事，为政府官员、社会人士、下属企业领袖，多数董事是非执行独立董事。其中，政府官员来自总统府、财政部、贸易发展部等不同部门，社会人士则包括全球企业领袖、财务法律专家、学者等专业人士，下属企业领袖是业绩突出、声誉良好的管理人才。淡马锡的董事每届任期 3 年，最长不超过6 年。董事会下设执行委员会、审计委员会、领袖培育与薪酬委员会、风险与可持续发展委员会 4 个部门，是事实上的董事会常设办事机构，为董事会发挥作用提供了组织保障。在这样独立均衡的董事会中，三类成员在履行董事职责时相互制衡，从而实现国家意志与市场化运作之间的平衡。

第二，淡马锡具有较高的审慎风险管理水平。为了更好地监控风险，淡马锡建立了规范的审计制度和监督机制。在淡马锡内部，高层管理人员会直接介入风险控制，如进行风险预警和管理就是董事会的重要职责。而董事会下属的执行委员会和审计委员会则分别负责具体的风险控制工作，并将风险管理纳入流程。受多重地缘政治和社会经济力量的影响，2022 年 1 月，董事会新设立了风险与可持续发展委员会，审议投资组合的风险偏好和风险承受能力，重大的环境、社会和治理（ESG）事项，风险管理和可持续发展框架及政策等。其投资提案参照"两把钥匙"体系，由市场团队和行业团队共同提交投资委员会审核。在此过程中，其他职能团队也可以提供额外的专业建议和独立评估。

第三，淡马锡采用价值导向的激励约束机制。淡马锡坚持"精英治

企""能者居其位"的人力资源管理理念，对经理层的管理主要基于业绩的激励和约束。一是通过多元化的薪酬激励组合实现其长期导向、奖励和约束并重的薪酬理念。淡马锡薪酬构成包括基本薪酬、短期激励、中期激励和长期激励。基本薪酬根据市场情况确定。短期激励的主要形式为年度现金花红，一般在当年兑现。中期激励的主要形式为财富增值花红储备，当投资回报高于经风险调整后的资金成本时，会将财富增值花红派发至每名员工的名义财富增值花红储备账户。长期激励是一种"投资共享计划"，主要形式为"联合投资单位"，以员工业绩或时间为兑现条件。二是通过递延激励和回拨机制实现员工与股东紧密挂钩的薪酬理念。当财富增值和投资组合回报均为负数时，会进行花红回拨。过去 10 年，淡马锡共回拨 4 次花红，其中有 3 次因递延奖励不够抵销过往财年的回拨资金而被延至下一年度。长期激励最长可递延至 12 年派发。

研究淡马锡和"淡马锡模式"的成功经验，使我们认识到一个重要、直白的道理：其优秀治理不是天上掉下来的，也不是孤立的，而是与新加坡优秀的国家治理一脉相承、息息相关的。换言之，新加坡国家治理的能力和表现是其关键因素和必要条件。没有新加坡优秀的国家治理，便没有淡马锡优秀的公司治理；脱离了新加坡国家治理的大背景和大平台，任何企图绕开制度层面和国家治理的因，仅仅从技术层面上急功近利、走捷径地追求和模仿公司治理的果，是不容易实现，甚至不可能成功的。

7.5　新加坡政府的水务政策

新加坡政府的水务政策是一个全球知名的成功案例。由于新加坡位于热带地区，缺乏自然水源，因此水资源一直是国家发展的瓶颈。在 20 世纪 60 年代，新加坡曾经遭受严重的水荒，为了保证国家的生存和发展，政府采取了一系列措施来解决水资源问题。

首先，新加坡政府实施了水资源的多元化战略，通过从邻国马来西亚进口水源、开发新的淡水资源，以及推广海水淡化技术等方式，增加了水资源的供应。其次，政府大力推广水资源的节约和回收利用，通过建设高效的下水道系统和污水处理设施，将大量的污水转化为可再利用的水源。此外，政府还推广了雨水收集系统和灰水回收系统等节水技术，让民众在日常生活中节约用水。最后，政府通过宣传教育和政策法规等手段，提高了公众对水资源的重视和保护意识。例如，政府实施了"水价结构调整"政策，通过逐步提高水价的方式，引导公众节约用水。

20 世纪 60 年代，在新加坡和马来西亚分离前，李光耀就和马来西亚政府签署了一份协议，作为同意分离的条件。这份协议如今存放在联合国。根据协议，马来西亚政府保证供水给新加坡，如果违反协议，新加坡会向联合国安全理事会提出申诉。在新加坡自然水源如此匮乏的情况下，如果新加坡和马来西亚之间产生冲突，马来西亚就很可能切断供水。这也让生活在新加坡的民众意识到，除非新加坡能在供水方面自给自足，否则将永远受制于马来西亚。

1974 年，在新加坡第一个水务蓝图里，公用事业局就建了新加坡第一座废水回收厂，以当时最先进的净化技术，研究如何把用后水净化成可以饮用的日常用水。在 20 世纪 90 年代初，薄膜科技的出现让新加坡在供水自给自足的道路上，看见了曙光。回收用后水，并净化成饮用水变得可行。新加坡第一座新生水厂于 2003 年落成。2005 年 9 月，新加坡第一座海水淡化厂也投入运营。海水淡化和用后水净化，让新加坡的供水有了更大的保障。另外，新加坡深隧道水系统全部完成后，新加坡的水源循环率将从目前的30%，增加到总体供水的 55%。到了 2060 年，用水量预计会持续上升，到时淡化海水和新生水的产量预计可满足八成的用水需求。对于人均水资源量曾经是全球倒数第二的新加坡，这确实是一项值得新加坡人民骄傲的伟大创举。

今天，新加坡已经成为一个水资源利用效率最高、水资源管理最为先进的国家之一。新加坡的水务政策不仅解决了国家的水资源问题，还为世界其他国家提供了宝贵的经验和参考。

7.6　新加坡政府的城市规划

新加坡是一个高度发达的城市国家，新加坡政府对城市规划在许多方面得到了广泛赞誉。

第一，在住宅规划方面。新加坡实行了高度集约化的城市规划，为人们提供了现代化的住房和基础设施。政府积极推动公共住房计划，使住房成为人民的基本权利。通过大规模的住房建设计划，新加坡成功地解决了大量的贫困人民居住问题，并提高了城市的整体质量。此外，新加坡还实行了高效的交通规划，包括快速公路、地铁和公交系统等，使居民能够更快、更便捷地到达目的地。第二，在绿化规划方面。新加坡虽是一个高度发达的城市国家，但政府仍然强调保护自然环境和生态平衡。政府积极推行绿化计划，使城市的绿地面积占总土地面积的比例逐年增加。政府通过创建公园、保护树林和湿地等措施，提高城市的环境质量，同时为城市居民提供了更多的休闲活动场所。第三，在经济规划方面。新加坡政府致力于创造有利于经济发展的城市环境，采取了积极的投资政策，发展了各种产业，如金融、制造业、旅游业等。政府还采取了吸引外国企业来新加坡投资的措施，建立了一个良好的商业环境。此外，政府还制定了适应未来需求的城市规划和技术创新政策，推动了城市的发展和繁荣。

在此我们主要介绍新加坡的绿色城市规划。新加坡自 1965 年建国以来，以"花园城市"为国策，持续营造良好的城市人居环境，形成了完善的花园城市体系，促使城市绿化环境和城市空间不断融合。21 世纪初建设"花园里的城市"，并在此基础上持续精进，提出了建设"自然之城"的未来发展目标，既保证了生态环境的可持续发展，也为市民提供了丰富、高品质的户外公共活动空间。

新加坡"自然之城"绿色空间体系规划理念的演变过程主要分为三个阶段：从"花园城市"到"花园里的城市"，再到"自然之城"。第一，"花园城市"。1968 年，政府在向公众解读"环境公共卫生法案"时首次提出把新加坡转变成清洁而葱绿的"花园城市"目标，主要对城市进行环境改造和全面绿化。第二，"花园里的城市"。1996 年，时任国家公园局首席执行官的陈伟杰博士最早提出"花园中的城市"概念。1998 年，新加坡《海峡时报》将之作为国家发展新方向予以报道，此后市区重建局和相关委员会等机构制定发展规划时将之列为城市国家的长期战略目标，力求在"花园城市"基础上，使城市与自然完整融为一体，主要有六大措施。第三，"自然之城"。2021 年 2 月 10 日，新加坡对外公布 2030 年新加坡绿色发展蓝图，包括自然之城、可持续生活、能源策略、绿色经济和适应力强的未来 5 个部分，提出进一步将自然还原到城市结构中，以增强新加坡作为高度宜居城市的独特性，同时减轻城市化和气候变化的影响。这是"花园里的城市"的升级形态，强调自然、城市与人三者关系的深度融合（见表 7-1）。

表 7-1　新加坡自然、城市与人三者深度融合

自然区域	公园	公园连接网络	心中绿化
自然保护区 › 中央集水区 › 武吉知马保护区 › 双溪布洛保护区 › 拉柏多保护区 自然公园 › 武吉巴督自然公园 › 温莎自然公园 …… 树木保护区 亲自然游乐花园和康疗花园	约 400 个 区域公园 › 15~100 公顷，多建在填海地段 › 如新加坡植物园和滨海湾花园 邻里公园 › 为满足居民对公园的需求 › 配备活动场地 › 注重邻里间交流 › 分为新镇公园（5~10 公顷）和小区级公园（1~1.5 公顷）	公园连道（PCN） › 全长 300 公里，连接新加坡各大公园、自然保护区以及社区、商务中心、地铁及巴士站等 环岛绿道（RIR） › 全长 150 公里，环绕新加坡并将自然、文化、历史和娱乐场所及社区连接在一起 越岛步道（C2C） › 长 36 公里 遗迹之路 5 条 自然之路 44 条，总长 170 公里 目前共有 6 条贯穿全岛的公园连接网络环线	空中绿化植物奖励计划（SGIS） › 打造翠绿都市和空中绿意计划（LUSH） › 超过 140 公顷高层绿化，百万棵树运动（One Million Trees） › 种植了 442997 棵树 › 布鲁姆社区倡议（CIB 计划） › 1500 多个社区花园、近 40000 名园艺爱好者

　　新加坡"自然之城"绿色空间体系主要包括"自然区域、公园、公园连接网络、心中绿化"四个部分。第一，自然区域包括自然保护区、自然公园、树木保护区，以及设在公园中的亲自然游乐花园和康疗花园等。第二，公园。新加坡目前拥有约 400 个公园（除自然公园外），可以分为区域公园和邻里公园两种类型。区域公园如新加坡植物园和滨海湾花园，邻里公园是随着新加坡的新市镇、新社区建设而来。第三，公园连接网络。包括 300 公里公园连道（PCN）、150 公里环岛绿道（RIR）、36 公里越岛步道（C2C）、5 条遗迹之路和 170 公里自然之路等。目前，新加坡共规划建设了 6 条贯穿全岛的公园连接网络环线，并计划形成全岛的线性绿色空间网络。第四，心中绿化。政府推出了"空中绿化植物奖励计划"（SGIS）、"打造翠绿都市和

空中绿意计划"（LUSH），增加了超过 140 公顷的高层绿化。2030 年的目标是 200 公顷。"布鲁姆社区倡议"（CIB 计划）已打造超过 1500 个社区花园，吸引了近 40000 名园艺爱好者。

新加坡"自然之城"绿色空间体系规划主要有五个方面的特点：

第一，以融合环境考量的长期整体土地规划为纲领——规划理念贯穿始终，动态调整保证时效。新加坡从"花园城市"到"花园中的城市"，再到"自然之城"的发展依托于"概念规划"（Concept Plan）和"总体规划"（Master Plan）。从 20 世纪 70 年代开始，绿化作为国家战略目标贯彻城市建设开发的每个环节中。1985 年修订的总体规划中，规定每人平均享有 0.8 平方米的公园绿地。1991 年概念规划提出"绿色和蓝色规划"内容，将建设花园城市的构想和决策纳入了国家战略规划，并率先提出修建全国性公园连接道路。2019 年新加坡总体规划为实现"花园里的城市"提出了铁道走廊的建设计划。2021 年 2 月，新加坡对外公布 2030 年新加坡绿色发展蓝图，包括自然之城、可持续生活等五个部分，目标是到 2030 年再增加 200 公顷的自然公园、拥有 200 公顷的高层绿化、300 公里的自然之路和 500 公里的公园连接网络，以便每户家庭能在 10 分钟的步行路程内到达公园。

新加坡的概念规划每 10 年更新一次，全面规划每 5 年更新一次，且全面规划在 5 年之内也不是一成不变的，而是不断修订调整，但不论怎么修订，其"花园城市"的规划理念和目标都得到了非常充分的落实，各个时期的概念和总体规划都紧密地围绕这一发展目标进行动态调整，并充分契合所处时期城市发展的情况，制定符合发展需求的政策与方法。规划理念贯穿始终，动态调整保证时效。

第二，多部门规划协同，是以政府各相关部门的协调为动力，保证规划成果科学易实施的关键。在新加坡，由政府主导的制度环境和治理模式，以及由中央一级政府直接负责整个城市国家建设发展的政府结构，都大大提高了规划政策的执行力和效率。为了推动绿化政策的执行，政府设立了具有法律效力的负责机构，并协调各部委及下属法定机构的目标和方向，这是绿化政策执行的重要推动力。

1973 年，李光耀提议设立了以绿化植树为首要目标的"花园城市行动委员会"（Garden City Action Committee），其成员包括全部国家部委和法定机构的高级官员。该委员会负责统筹协调政府各相关部门规划执行、市区重建、公屋建设和工业开发中的绿化行动。随着时间的推移，到 20 世纪 90 年代，为了整合相关职能部门与议事机构，新加坡成立了国家公园局。市区重建局和国家公园局被同设于国家发展部，这使二者能在土地使用中整合、融入绿化目标，合理推进"自然之城"建设。此外，由市区重建局领导的总体规划委员会可通过多轮会议协商和妥协、调解和裁决各部门政策目标的优先性。总体来说，新加坡绿色空间规划的特点之一是多部门规划协同，保证成果科学易实施。

第三，以最少干预自然生态为原则——因地制宜、生态优先、最少干预。

本着对修建量最小、对敏感自然生态干预最少的原则，国家公园局在缓冲生境中减少干预、保持自然荒野的状态，同时在自然公园内提供休闲活动的必要场所。公园的道路部分以原始道路为基础，部分新建架空步行道，以维持自然原生面貌、保护自然植被。例如，直落布兰雅山公园 1.6 公里长的丛林小径（Forest Walk）设计为悬空栈道，以折线形的空中钢架桥顺应山体，保留了完好的次生林。

第四，以健全的法制为保障——形成新加坡城市环境绿化保护的专门法律制度。从 20 世纪 70 年代开始，新加坡政府制定了一系列的政策法规，既赋予相应政府机构（国家公园局）法律效力，又为政策推行提供了法律依据。具体包括 1970 年《树木与植物法》(*Trees and Plants Act*)、1975 年《公园与树木法令》(*Parks and Trees Act*)、1976 年《公园树木规则》(*Parks and Trees Rules*)、2005 年《国家公园局法令》(*National Parks Board Act*)等。

第五，以充分的公众参与为支撑——以人为本，推动公众广泛参与。从规划编制过程看，新加坡两级规划的编制采取委员会制度，邀请专家与社会各界参与，公开透明，公众也可以直接与市区重建局（URA）对话、提出意见建议，充分做到了公众参与作为行政体系的补充。《公园与树木法令》等配套法案的制定和出台都会吸纳各利益相关方，如地产行业、科研机构和专业人士、公众、非政府组织等的意见和建议，以平衡城市化和工业化发展与自然保护。新加坡政府通过各种渠道对公众进行绿化教育，鼓励人人植树、种花，参与绿化行动。例如，之前提到的 LUSH 计划、社区花园计划等。为了鼓励和指导人们种树，政府设立植物销售中心，以低廉的价格向社会和公

众出售苗木。新加坡植物园也出版了《植树指南》。

新加坡的城市规划鼓励城市绿化和保护生态系统，大力发展公园和绿地。新加坡有许多著名的公园和绿地，如滨海湾公园、花园城市、植物园等，这些都是新加坡城市规划中的典型代表。这些公园和绿地不仅提供了让居民休闲和锻炼的空间，更提高了城市的美观度和宜居性，实现了可持续发展。

参 考 资 料

[1] 百度百科 . 新加坡（新加坡共和国）[EB/OL].（2022–10–10）.https://baike.baidu.com/item/.

[2] 从"花园城市"到"花园中的城市"——新加坡环境政策的理念与实践及其对中国的启示 [EB/OL].（2022–10–10）.https://www.gzsk.org.cn/URBAN–INSIGHT/Magazine/2015/201502/201502–2.pdf.

[3] 新加坡城市水务管理的经验 [EB/OL].（2022–10–15）.开源节流　以水养水 –中国水网，https://www.h2o–china.com/news/285640.html.

[4] 百度百科 . 人民行动党（新加坡的政党）[EB/OL].（2022–10–15）.https://baike.baidu.com/item/.

（本章作者：荣之燮　华楠　王潇　武艺）

第 8 章

新加坡政府财政体系

新加坡的财政体系是一个高度集中和高效的系统，其核心机构是财政部。财政部下辖税务局（IRAS）和金融管理局（MAS）两家法定机构，具体负责管理国家的财政事务，维护金融稳定和货币政策，支持经济发展和社会福利，管理国家主权基金等投资组合，保障国家的财政稳定和可持续性，促进新加坡作为国际金融和商业中心的发展。本章将围绕新加坡的财政体系分析其财政预算、税收和重点收支情况，以探讨其财政体系的特点和优势。

8.1　财政预算

新加坡政府每年都会发布国家预算，以规划和分配国家的财政资源。预算制定的过程通常会涉及政府部门和民间机构的广泛咨询和参与，以确保预算能够反映各种利益和需求的平衡。

8.1.1　预算规模

新加坡的预算规模通常较为庞大，主要涵盖政府的支出和收入。2022年，新加坡的预算规模约为 1070 亿新加坡元，其中政府收入为 1057 亿新加坡元，政府支出为 1087 亿新加坡元，财政赤字 30 亿新加坡元。政府收入的主要来源为公司税、个人所得税和消费税，此三方面的总税收近 450 亿新加坡元，约占总收入的 42%。在财政支出方面，政府花费最多的领域是卫生、国防、教育，这三部分的总支出近 500 亿新加坡元，约占总支出的 45%。

8.1.2　政府收入

新加坡政府的主要收入来源是税收和其他投资收入，如国家储备基金的投资收益。税收包括个人所得税、企业所得税、消费税和财产税等。

个人所得税是新加坡的主要税收之一，根据个人收入水平不同，税率从0到22%不等。企业所得税税率相对较低，为17%，这有利于吸引外国投资和促进经济发展。消费税税率于2023年1月1日起增长为8%，将于2024年1月1日起增长为9%。

8.1.3　政府支出

新加坡政府的支山重点通常是教育、卫生医疗、住房和交通等基础设施领域，以促进经济增长和社会创新。此外，政府还积极推动社会福利计划和保障措施，以确保公民的基本生活需求得到满足。

教育是新加坡政府支出的重点领域之一，政府投入大量资源提高教育质量。例如，政府通过增加教师数量、提高教学质量和支持科研创新等措施来促进教育发展。医疗是另一个重要的领域，政府投入大量资源支持医疗保健体系，包括卫生设施建设、医疗研究和创新等；还实施了医疗补助计划，帮助低收入和老年人等弱势群体获得医疗保障。住房和交通是新加坡政府支出的另外两个重点领域。政府通过住房补贴（公积金）和公共住房建设（组屋）等措施，为公民提供可负担的住房；还积极推动公共交通发展，以减少私人车辆的使用，提高城市交通效率和环保水平。

经济增长和创新是新加坡政府的长期战略目标之一。政府通过创新创业支持计划、科技研发投资和建立创新生态系统等措施，鼓励企业家精神和技术创新，促进经济增长和转型。

8.2　税收制度

新加坡是世界上少有的税率低且税制单一的国家，新加坡的税收制度相对简单透明，主要以属地原则征税，即公司和个人在新加坡产生或来源于新加坡的收入，或在新加坡收到或视为在新加坡收到的收入，都属于新加坡的应税收入，需要在新加坡纳税。相应地，如果收入来源于新加坡境外，并且不是在新加坡收到或视为收到，则无须在新加坡纳税。新加坡政府致力于提高税收效率和吸引外国投资，同时确保公民的基本生活需求得到满足。

8.2.1　个人所得税

个人所得税是新加坡主要的税收之一。个人所得税税率根据个人收入水平不同而有所不同，税率从 0 到 22% 不等，采取累进税制。个人所得税的减免也相对较多，例如住房贷款利息抵税、子女教育抵税等。中国目前个人所得税税率从 3% 至 45%，海南自由贸易港的个税优惠低至 15%，总体对比新加坡、中国两国个人所得税，新加坡的低税率对高收入人群还是很有吸引力的。

8.2.2　企业所得税

企业所得税税率相对较低，为 17%，这有利于吸引外国投资和促进本国的经济发展。此外，政府还实行一系列税收减免政策，例如研发税收减免、小型企业税收减免等，以鼓励企业创新和发展。中国目前企业所得税税率一般为 25%，海南自由贸易港的税收优惠低至 15%，总体对比新加坡、中国两国企业所得税，新加坡还是很有低税优势的。

8.2.3　消费税

消费税是新加坡的主要税收之一，称为 GST（Goods and Services Tax）。GST 税率为 8%（2024 年将提高为 9%），适用于大多数商品和服务。政府还为一些基本生活必需品提供 GST 免税或减免政策，以确保公民的基本生活需求得到满足。

8.2.4　财产税

财产税是另一项重要的税收，适用于房地产和资产等，如不动产税，其征税对象包括房屋、建筑物、酒店、土地和经济公寓等，税率根据财产价值而定。对自用型住宅房地产及非自用型住宅房地产实施累进财产税税率，对其他房地产，如商业及工业房地产采用 10% 的税率。政府还实施了财产税减免政策，例如家庭住房税收减免等。

8.2.5 关税

新加坡对出口产品不征收关税，但对石油产品、汽车、烟草（含卷烟）、酒类、糖制品和冰箱等少数商品征收进口关税。这些税是以特定进口类型的费率征收的，或者按照所征税物品的价格按比例征收。整体关税税率一般较低，货物的从价关税税率为 5%，但汽车例外，其税率为 45%。

除了以上几项税种，新加坡政府还征收一些其他税种，例如印花税、赌博税、车辆税等。总体来说，新加坡的税收制度相对简单、透明和低税率，这有助于其吸引外国投资和促进经济发展。

8.3 重点支出情况

根据 2022 年新加坡政府财政预算案，政府预计 2022 年的总收入为 1057 亿新加坡元，总支出为 1087 亿新加坡元，财政赤字为 30 亿新加坡元。其中，教育、医疗、住房和交通等领域仍然是政府的重点支出领域。

教育方面，政府预计在 2022 年支出 182 亿新加坡元，其中包括提高教育质量、改善教学设施和支持科研创新等方面的支出。

医疗方面，政府预计在 2022 年支出 108 亿新加坡元，包括卫生设施建设、医疗研究和创新等方面的支出。政府还将继续实施医疗补助计划，帮助低收入和老年人等弱势群体获得医疗保障。

住房方面，政府预计在 2022 年支出 88 亿新加坡元，包括住房补贴和公共住房建设等方面的支出。政府还将继续推动公共交通发展，以减少私人车辆的使用，提高城市交通效率和环保水平。

经济发展和创新方面，政府预计在 2022 年支出 49 亿新加坡元，包括创新创业支持计划、科技研发投资和建立创新生态系统等方面的支出。政府将继续鼓励企业家精神和技术创新，促进经济增长和转型。

总体来说，新加坡政府在财政预算中明确了重点领域的支出方向和重点措施。政府将继续致力于促进教育、医疗保健、住房和交通等领域的发展，同时积极推动经济增长和创新。在税收方面，政府将继续采取一系列措施，包括维持低税率、实行公正透明的税收政策和减免财产税等，以吸引外国投资和促进经济发展。

新加坡政府实施的低税率、公正透明的税收政策和合理的财政预算管理，为新加坡的经济发展和社会进步提供了坚实的保障。尽管新加坡面临许多挑战，例如人口老龄化、人口稠密和国际竞争压力等，但是政府一直致力于寻求最佳的解决方案，以确保新加坡的繁荣和稳定。随着国际形势和经济环境的不断变化，新加坡的财政体系也在不断调整和改进。政府将继续关注重点领域的发展和社会需求的变化，适时调整预算支出方向和税收政策，以确保新加坡能够应对未来的挑战和机遇。

（本章作者：马紫涵）

第9章

自由开放的新加坡金融市场

新加坡的金融市场是全球领先的金融中心之一，拥有高度发达的金融基础设施、多元化的金融产品、开放的市场环境、严格的监管体系、创新的金融科技，在国际金融、贸易融资、海事金融、保险、资产运营、财富管理等方面处于领先地位，是全球排名前列的外汇中心、资产管理枢纽和人民币离岸结算中心。在第32期全球金融中心指数[①]（GFCI32）排名中，综合竞争力世界排名仅次于纽约和伦敦位列第三，是亚太区的榜首。

9.1 高度发达的金融基础设施

新加坡拥有高度发达的金融基础设施，包括交易所、清算所、支付系统等，这些设施为金融市场的运作提供了强大的支持。其中，新加坡交易所集团（SGX GROUP）是亚洲领先且备受信赖的证券和衍生品市场基础设施。

SGX GROUP 是一个多元化的交易所集团，为环球客户提供股票、债券、衍生品和商品等各种金融产品的交易、清算、结算、存托和数据等一站式整合服务。

新交所上市的约 40% 的公司和超过 80% 的债券均来自新加坡以外地区，为中国、印度、日本和东盟的基准股票指数提供了全球流动性最佳的离岸市

[①] 全球金融中心指数：由英国 Z/Yen 集团和中国（深圳）综合开发研究院联合出品，分别于每年 3 月和 9 月更新一次，受到全球金融界的广泛关注。该指数为政策研究和投资决策提供了宝贵的参考依据。GFCI 模型中所使用的特征指标可以划分为五大类：营商环境、人力资本、基础设施、金融业发展水平及声誉（https://www.longfinance.net/media/documents/GFCI_32_Report_2022.09.22_Chinese.pdf）。

场。新加坡也是亚洲首屈一指的外汇市场，以及最全面的场外交易和期货服务平台。[①]

SGX GROUP 立足新加坡，并不断拓展全球合作伙伴网络，打造备受信赖的金融生态系统。[②] 新加坡交易集团全球业务及合作伙伴网络如图 9-1 所示。

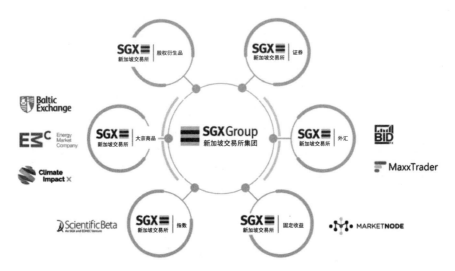

图 9-1　新加坡交易集团全球业务及合作伙伴网络

资料来源：新加坡交易所集团官网。

9.2　多元化的金融产品

新加坡金融市场提供了各种类型的金融产品，包括外汇、股票、债券、商品、衍生品等。

9.2.1　外汇

新加坡的外汇市场规模庞大，是亚洲最重要的外汇交易中心之一。2021年，新加坡交易所外汇期货总量超过 1.5 万亿美元，较 2020 年增长 5.2%。[③]

---

①② 　新加坡交易所集团官网，https://www.sgxgroup.com/zh-hans/about#Who%20We%20Are。

③ 　MAS 官网，https://www.mas.gov.sg。

9.2.2　股票

截至 2023 年 2 月，新加坡交易所拥有 648 家上市公司，总市值达 824346 百万新加坡元[①]，星展银行、新加坡电信和新加坡航空等本地知名公司均在其主板上市。凯利板市场则专注初创企业和创新企业的融资和发展。

新加坡海峡时报指数（Straits Times Index，STI）是新加坡的加权股价指数，由富时集团、新加坡报业控股、新加坡交易所三方对 30 家最重要的个股进行联合计算整理得出。

9.2.3　债券

新加坡债券市场规模庞大，在新交所发行的债券来自 45 个国家和地区，拥有超过 3000 只已发行尚未偿还的上市债务证券，超过 1 万亿美元的发行额。[②]

9.2.4　商品

新加坡大宗商品交易市场是亚洲主要的大宗商品交易中心之一，交易量和成交额在亚洲地区处于领先地位，受到国际投资者的广泛关注和参与。新交所采用电子交易平台，交易品种包括铁矿石、钢铁、货运、橡胶、煤炭、石油、石化和电力等[③]。

9.2.5　衍生品

新加坡衍生品市场相对发达。新交所提供全方位的衍生品产品，覆盖亚洲股票指数、大宗商品及外汇，为中国、印度、日本和东盟的基准股票指数提供了全世界流动性最高的离岸市场。新交所是全球率先采用金融市场基础设施准则的交易所之一，也是亚洲首个和唯一获得美国监管机构全面批准的中央交易对手。作为衍生产品清算组织和欧盟之外的外国交易所，新交所在

---

① 新交所官网，https://www.sgx.com。
② 新交所官网，https://www.sgx.com/zh-hans/fixed-income。
③ 新交所官网，https://www.sgx.com/research-education/commodities-products。

证券和衍生产品方面也获得了欧盟监管机构的认可。新交所富时中国 A50 指数期货是全球唯一跟踪中国 A 股市场的境外期货 ①。

9.2.6　房地产投资信托基金（REIT）

2022 年新交所的 REITs 按市值占了亚洲 REITs 市场比重的近 30%（日本占近 50%）②。2023 年 3 月，新交所共有 42 只信托基金，总市值达 1010 亿新加坡元，平均股息收益率 7.6%③。由 REITs 指数延伸出的产品还有 ETF 和期货，新交所于 2020 年推出了亚洲首创国际 REIT 期货产品，涵盖在新加坡、中国香港、马来西亚，以及泰国挂牌的房地产投资信托（REIT）④。

9.3　开放的市场环境

新加坡金融市场是一个高度开放的市场，吸引了来自全球各地的金融机构和投资者，这也为市场的发展提供了广阔的空间和机会。

新加坡的商业银行体系是随着新加坡对外贸易和对外投资的发展诞生的，由独立前的殖民银行体系演化而来，因此保留了本地银行和外国银行并存发展的"双重银行体系"。新加坡独立后，新加坡政府让外国银行享受与本地银行同等待遇，允许经营开展所有业务。后来，为了保护本国银行业，新加坡政府逐渐限制外国银行的经营范围，先后颁发限制性银行牌照和离岸银行牌照，最终形成了完全牌照、限制性牌照、离岸性牌照三大类牌照银行。

新加坡无外汇管制，资金可自由流入流出。企业利润汇出无限制也无特

---

① 新交所官网，https://www.sgx.com/zh-hans/derivatives/products/chinaa50?cc=CN。

② 东方财富网新加坡交易所平台，https://caifuhao.eastmoney.com/news/20220718181907825923780。

③ 新交所官网，https://api2.sgx.com/sites/default/files/2023-03/SGX%20Research%20-%20SREIT%20%26%20Property%20Trusts%20Chartbook%20-%20March%202023_0.pdf。

④ "新交所富时欧洲公共房地产协会/北美房地产投资信托亚洲（日本以外）指数期货"（SGX FTSE EPRA Nareit Asia ex-Japan Index Futures）以及"新交所 iEdge 新加坡房地产投资信托领先指数期货"（SGX iEdge S-REIT Leaders Index Futures）[EB/OL].（2022-11-19）.中华人民共和国商务部，http://sg.mofcom.gov.cn/article/dtxx/202008/20200802990174.shtml。

殊税费[①]。1978 年，新加坡政府开始全面放开外汇管制，允许外汇自由汇入汇出，取消对外资银行、外资企业、外国投资者，以及外籍人员的对外汇款币种和金额的限制，也取消他们在本地借款融资和汇回各种投资收益等的各种限制，真正实现了国际资本的自由流动。

此外，新加坡积极倡导自由贸易，并与多个国家签署了自由贸易协定，包括中国、美国、欧盟等。加入 RCEP[②]、CPTPP[③] 协议，进一步促进了新加坡在成员国之间的贸易和投资的开放程度与自由程度。

9.4　严格的监管体系

新加坡的金融市场和监管环境也被认为是亚洲最先进和最透明的之一，监管机构是金融管理局（Monetary Authority of Singapore，MAS）。新加坡金融管理局成立于 1971 年，同时履行央行和金融监管的职责。新加坡金融管理局的目标是维持货币稳定，保持经济的加速增长，并促进金融机构的设立，以助推金融机构的现代化。MAS 对新加坡的金融机构实施了严格的监管和监督，以确保金融市场的稳定和健康。

随着 1970 年《MAS 法案》的通过，MAS 被授权监管新加坡的金融服务部门。MAS 的职责如下[④]：

监管金融机构：包括银行、保险公司、证券公司等，以确保它们遵守法规和标准。

监管证券和期货市场：包括批准证券交易所的设立、监督证券发行、批准期货合约等。

---

① 新加坡外汇管理制度[EB/OL].（2022–11–15）.中华人民共和国商务部，http://sg.mofcom.gov.cn/article/gqjs/gqgk/202105/20210503059013.shtml.

② 《区域全面经济伙伴关系协定》(Regional Comprehensive Economic Partnership，RCEP) 是 2012 年由东盟发起，历时 8 年，包括中国、日本、韩国、澳大利亚、新西兰和东盟十国共 15 方成员制定的协定。

③ 《全面与进步跨太平洋伙伴关系协定》(Comprehensive and Progressive Agreement for Trans-Pacific Partnership，CPTPP) 是亚太国家组成的自由贸易区，是美国退出《跨太平洋伙伴关系协定》(TPP) 后该协定的新名字。

④ MAS 官网，https://www.mas.gov.sg。

保护投资者：致力于保护投资者的权益，防范欺诈和不当行为，提高市场透明度和效率。

制定政策和标准：促进金融市场的发展和创新，同时保持市场的安全和稳定。

国际合作：积极参与国际金融监管合作，与其他国家和地区的监管机构合作，共同应对跨境金融风险和挑战。

9.5 创新的金融科技

新加坡一直在推动金融科技的发展，包括区块链、人工智能和数字支付等领域，这些创新技术将为金融市场的未来发展带来更多的机遇和挑战。

新加坡金融服务业转型地图（ITM）2025 提出了 MAS 的增长战略，以进一步加强新加坡作为亚洲领先国际金融中心的地位。新加坡 MAS 在金融科技中所做的均是为了改善个人的生活，建设一个更有活力的经济，促进一个更具包容性的社会。[①]

新加坡金融科技节（SFF）由新加坡金融管理局和 Elevandi 与 Constellar 合作，并与新加坡银行协会合作举办。自 2016 年成立以来，SFF 已成为全球金融科技社区与金融服务、公共政策和技术融合相关问题进行参与、联系和合作的首要平台。2022 年，SFF 吸引了超过 500 家参展商及 62000 位参与者[②]。

9.6 开放创新引领新加坡银行业发展

9.6.1 新加坡银行业概况

新加坡是联通全球的重要枢纽，稳定的政治和经济环境、适宜的法律法规、自由便利的资金流动，以及优质的国际人才资源等，使其发展成亚洲第三大金融中心及亚洲财富管理中心。作为占据金融业重要地位的行业，新加

---

① MAS 官网，https://www.mas.gov.sg。
② 新加坡金融科技节官网，https://www.fintechfestival.sg。

坡银行业被公认为世界最强健、最安全的银行体系之一。新加坡的银行业主要由本地银行和外资银行两部分组成。截至 2022 年，新加坡共有 139 家取得牌照的银行机构及经销商，其中本地银行有 6 家，剩余则是外资银行及外国银行在新加坡设立的分行或办事处。新加坡金融管理局规定了多种业务牌照类别，包括全面银行牌照、零售银行牌照、储蓄银行牌照、金融控股公司牌照、保险牌照、证券和期货牌照等。不同类型的牌照机构开展不同类型的金融服务和业务（同一家机构可持有不同牌照），从业务牌照分类来看，新加坡银行业机构如下：

（1）本地银行（Local Bank）6 家。

（2）合格的全资银行（Qualifying Full Bank）10 家。

（3）全资银行（Full Bank）20 家。

（4）批发银行（Wholesale Bank）96 家。

（5）商业银行（Merchant Bank）22 家。

（6）财务公司（Finance Company）3 家。

（7）货币经纪人（Money Broker）1 家。

（8）代表处（银行）[Representative Office（Banking）] 33 家。

（9）金融控股公司 1 家。

（10）SGS 一级经销商 13 家。

9.6.2　集中统一的监管框架

1. 健全完善的银行法规

新加坡主要通过国会相关银行法令来规范银行机构行为，确保银行业稳健发展。主要银行法规涵盖了《银行法》《1970 年新加坡金融管理局法令》《反洗钱条例》《支付和结算系统指南》。

2. 集中统一的监管机构

新加坡金融管理局（MAS）于 1971 年成立，具有中央银行属性，管理新加坡的金融业，行使中央银行、银行业、保险业、证券市场监管者及促进产业合作等多重职能。因此，其职责的有效行使对于新加坡建设金融中心的地位起着至关重要的作用。MAS 致力于维护金融市场有效运行并服务国家经济目标，主要职责包括制定和执行货币政策、保持金融稳定、促进金融市

场发展、管理金融机构，以及确保金融系统的健康和稳定。

9.6.3　本地银行与外资银行概况

新加坡是全球众多银行业金融机构的总部所在地，新加坡政府一直致力于努力吸引国外金融企业进驻新加坡，并鼓励它们以新加坡为基地，扩展区域业务。

9.6.3.1　本地银行

新加坡本地银行有 6 家，经过合并后保留 3 家银行集团：星展银行、华侨银行和大华银行。

星展银行（Development Bank of Singapore，DBS）成立于 1968 年，于 1998 年收购了 POSB 银行，拥有 100 多个办事处和新加坡数量最多的自动取款机，是新加坡和东南亚最著名的银行之一，提供零售银行、商业银行和财富管理等服务。

华侨银行（Oversea-Chinese Banking Corporation，OCBC）成立于 1912 年，是新加坡最古老的银行之一，在 18 个国家和地区设有分行和代表处，提供个人银行、企业银行和财富管理等服务。

大华银行（United Overseas Bank，UOB）成立于 1935 年，在新加坡拥有近 70 家实体分支机构，在全球拥有 500 个办事处，提供个人银行、企业银行和财富管理等服务。

9.6.3.2　外资银行

外资银行在新加坡设立分行或办事处，向本地和国际客户提供各种金融产品和服务，包括企业银行、个人银行、投资银行、资产管理、财富管理等业务。与本地银行形成了健康的竞争格局。同时，外资银行还促进了新加坡的金融市场国际化和全球化，提升了新加坡金融业的影响力和竞争力。

1. 外资银行分类

Full Bank（FB）。被认可为合格的 Full Bank（QFB）的外国银行可以自由地将其服务地点在新加坡扩展，加入国内共享 ATM 网络，并通过当地银行提供短期贷款给信用卡持卡人。包括汇丰银行、美国银行、印度银行、中国银行和渣打银行。

批发银行（WB）。批发银行为政府机构、大公司和其他金融机构等大客户提供一系列服务。提供的服务通常包括货币兑换、并购、咨询和现金垫款。如澳大利亚国民银行有限公司、英国巴克莱银行、中国台湾土地银行和韩国开发银行等。

离岸银行。离岸银行通过两个不同的会计单位进行交易，即国内银行单位（DBU）和亚洲货币单位。新加坡的所有离岸银行都是外国银行的分行，包括中国台湾银行、新西兰银行、新韩银行和菲律宾国家银行。

商业银行。新加坡的商业银行受《MAS 法案》管辖。它们从事一系列活动，例如投资组合管理、承销和贷款安排。

新加坡的主要外资银行包括：汇丰银行（HSBC）、渣打银行（Standard Chartered Bank）、荷兰银行（ABN-AMRO）、马来亚银行有限公司（Maybank）、法国巴黎银行（BNP PARIBAS）、花旗银行（Citibank）等。

2. 中资银行

以中国银行为代表的中资银行经过多年开疆拓土，扎根新加坡，成为连接中国与新加坡，乃至全球的重要金融基础设施，服务中资企业出海和本地经济发展。主要中资银行包括：中国银行、中国工商银行、中国建设银行、中国农业银行、交通银行、招商银行、中信银行、ANEXT Bank 星熠数字银行、绿联国际银行等。

具代表性的中资银行如下：

中国银行新加坡分行成立于 1936 年 6 月 15 日，是在新加坡经营历史最久、机构网点最多、业务规模最大、牌照等级最高的中资银行，同时也是本地唯一持有全面银行牌照的中资银行。

中国工商银行新加坡分行成立于 1993 年，是中国工商银行最早的境外营业机构。2003 年获得 MAS 颁发的批发银行牌照。

中国建设银行新加坡分行成立于 1998 年，2020 年 12 月正式获得 MAS 颁发的特许全面银行牌照。

中国农业银行新加坡分行成立于 1995 年 7 月 12 日，是中国农业银行第一家海外分行，持离岸银行牌照。

与本地银行相比，外资银行在规模和全球化程度上更大，具有更强的跨国金融能力和全球资源配置能力。同时，外资银行也在本地市场上竞争激烈，为消费者提供更具有多元化和创新性的金融产品和服务，促进了市场竞

争和金融创新。与此同时，外资银行的贷款利率和手续费用通常也会比本地银行高一些。总之，新加坡的本地银行和外资银行在各自的领域内都发挥着重要作用，为本地和国际客户提供了丰富的金融产品和服务。

9.6.4　与时俱进和开放包容的发展策略

新加坡对金融创新和金融科技发展保持与时俱进姿态，及时完善监管政策，为前沿科技和金融创新需求提供规范指引。新加坡 MAS 设立金融科技和创新团队，设立大量资金计划支持金融领域的科技发展和创新，鼓励各国金融业在新加坡设立创新和研发中心，支持金融科技项目的研发及应用；专设金融科技署，管理金融科技相关业务，为企业提供全方位"一站式"服务。学习借鉴英国沙盒监管的方式，提出《金融科技监管沙盒指导》，加入沙盒监管的行列，为金融科技创新提供适宜的监管模式。针对加密货币、区块链、元宇宙等前沿科技与金融结合，不禁止相关业务开展，而是监管相关商业活动，审批相关经营机构的牌照，体现了鼓励创新与金融稳定的平衡。如 2020 年 1 月生效的《支付服务法》监管支付型代币（又称 Digital Payment Token，DPT），要求任何交易 DPT 的金融机构需申请 DPT 经营权。2020 年 5 月颁布的《数字代币发售指南》监管证券型代币，对《证券与期货法》形成补充。2022 年 4 月审议通过的《金融服务与市场法案》，强化与加密货币相关的反洗钱、反恐怖主义融资。与时俱进的监管政策随市场创新不断完善，吸引了全球各地的银行业机构、金融从业人员和金融业务活动，既促进了业务发展和创新活动，又为市场活动构建出行为框架，设定风险底线，保护了银行业的稳定和持续发展。

（本章作者：杨焜　马莹莹　章文峰　马紫涵）

第 10 章

繁荣的贸易与先进的制造业

展开世界地图，新加坡只是接近赤道的一个像素点，这个国家虽是一个几乎没有自然资源的小岛国，但它却用近 60 年的时间创造出了举世公认的成就。2022 年，新加坡人均 GDP 全球排名第五位，位居亚洲第一。新加坡属于新兴发达国家，以稳定的政局、廉洁高效的政府著称，是全球国际化程度最高的国家之一。为什么新加坡能在短短几十年达到经济繁荣、人民幸福的发展程度？新加坡的成功绝不是某个单一因素推动的成功，从很多方面来看，新加坡在过去 60 年做到了经济发展和社会发展的双赢，这份成功来自不可或缺的优越地理位置、对全球化的开放和拥抱、精英主义和务实精神的发展合力、高效政府的科学领导等。本章我们从贸易增长和产业发展两方面来了解新加坡。

10.1 新加坡港口与贸易的发展概况

新加坡在地理位置上具有得天独厚的优势，其扼守着马六甲海峡入口处的航运要道，是太平洋、印度洋两大洋的航道要冲；同时，新加坡把持着南海、爪哇海与马六甲海峡之间航运交通的咽喉，地利是新加坡港口与贸易发达的重要因素之一。

新加坡港位于马来半岛南端，西临马六甲海峡，南临新加坡海峡，是连接太平洋和印度洋的国际海运枢纽中心，是远东地区各近洋航线的必经港口，是亚太地区最大的转口港，是世界最大的集装箱港口之一，也是世界上繁忙程度仅次于上海港的港口。2022 年，在充满未知挑战的全球经济形势下，新加坡港完成货物吞吐量 5.78 亿吨，集装箱吞吐量 3730 万标准箱，全

球排名稳居第二位。

新加坡港拥有 1 个多用途码头、5 个大型集装箱码头和若干干、液、散货码头（见图 10-1），可以处理集装箱、干散货、冷藏货物、有毒物品、化学品、车辆及大型机械和金属材料等各类商品的储运业务。目前，新加坡港与世界 123 个国家的 600 多个港口建立业务联系，拥有 200 余条航线通往世界各地，每周有 400 多艘班轮发往世界各地，港内大部分集装箱在港堆存时间为 3~5 天，其中 20% 的堆存时间仅为 1 天。新加坡港作为国际集装箱的中转中心，极大地提高了全球集装箱运输系统的整体效能，其高密度和全方位的航线保证了新加坡作为国际中转枢纽港的地位，成为国际航运网络中不可或缺的一环。

图 10-1　新加坡港鸟瞰

新加坡的贸易史可以追溯到公元前，在中国西汉武帝时期，新加坡海域便是海上丝绸之路的所经之地，公元 7 世纪后作为三佛齐王国属国的古新加坡已初具港口形态。此时正值中国唐、宋、元三朝，作为世界上最富强的国家，中国繁荣的进出口贸易推动海上丝绸之路达到鼎盛。地处马六甲海峡咽喉地带的古新加坡，是东西方海上贸易的必经要道，自然会聚了来自中国、阿拉伯、印度和欧洲的商人在此停歇补给、就地贸易，进而推动古新加坡发展为贸易繁荣的集散港口和区域商业中心。13 世纪全球大航海时代兴起时，新加坡逐渐成为亚洲贸易的重要销售集散地，丁香和肉豆蔻等香料及瓷器和丝绸从这里流通到欧洲、美洲、西亚等地区，也导致欧洲的葡萄牙、荷兰两个当时的海洋霸权国家为争夺此地而大打出手。19 世纪初，新加坡沦为英属殖民地，被英国视为远东最重要的商业贸易基地，在英国开埠之后依托转口贸易发展迅速。19 世纪 50 年代，新加坡成功地开辟了两条海路航线：一条是长距离的横贯欧亚大陆的航线，另一条是短距离的来往于东南亚半岛和群岛地区的区域性航线。航线的贯通推动新加坡转口贸易的蓬勃发展。19世纪 60 年代，英国将新加坡与规模日益增长的全球电缆网络连接，大大缩短了欧洲和亚洲的时空距离，新加坡与世界的贸易、人口和信息流通速度及重要性进一步提高，至 20 世纪初期，新加坡已跻身世界重要海港之列。20世纪中叶以前的新加坡扮演着殖民经济贸易中转站的角色，英国殖民给新加坡带来了贸易周转、民用服务、法律制度等，尤其是英语成为新加坡通用语言，为新加坡快速全球化提供了便利条件。自 1965 年建国至今，新加坡大力兴建港口码头，新加坡港迅速发展成为东南亚的集装箱国际中转中心，港口吞吐量长期稳居世界第一位。

10.2　新加坡贸易详细情况，出口 / 进口最多的是什么？其背后的原因是什么？

如今，新加坡是世界四大知名自由贸易港之一（其他三大为香港、迪拜、海南），仍然是世界最大转运中心，其境内拥有 7 个自由贸易区，跨境贸易便利化水平在全球经济体中名列榜首，贸易经营、结算、投资、人员进出自由度很高，航运服务特别发达。新加坡作为国际航运中心，汇集了以航运交易、航运资讯、船舶经纪、船舶维修、海事培训为基础的完整产业链，为开展国际贸易奠定了良好基础。

新加坡尽管是一个人口不足 600 万的小国，却拥有 220 个世界上最多样化的贸易伙伴。作为世界上签订多边及双边自由贸易协定最多的国家之一，新加坡是几乎没有进口限制与关税壁垒的自由贸易区，是全球贸易额度最高、最为开放的市场之一。2022 年新加坡贸易总额达到 13654.01 亿新加坡元，同比增长 17.7%，贸易差额始终保持顺差状态（出口额大于进口额）。从总量上看，2017—2020 年贸易总额的增减幅度相对平稳，2020—2022 年贸易总额逐渐增长。进出口方面，2022 年新加坡出口额 7099.66 亿新加坡

元，较 2021 年增长 13.4%；进口额 6554.35 亿新加坡元，较 2021 年增长 17.00%。贸易顺差 545.31 亿新加坡元，较 2021 年下降 20.1%。

2022 年，新加坡前三大贸易顺差来源地依次是中国香港、印度尼西亚和泰国，顺差额分别为 838 亿新加坡元、764 亿新加坡元和 421 亿新加坡元。贸易逆差主要来自马来西亚、美国和中国台湾，贸易逆差额分别为 1530 亿新加坡元、1327 亿新加坡元和 1141 亿新加坡元。

2022 年，非石油商品贸易中按主要商品类别划分，机械和运输设备、化学品和化学产品、杂项制成品、制成品的进出口额度较大。其中，机械和运输设备、化学品和化学产品、杂项制成品三类的出口数量占比约 87.3%，进口占比约 83.3%。

新加坡主要进口的商品是食品、石油、矿物燃料、电机、工业机械、金属和宝石、精密仪器、飞机、塑料、有机化学品、机动车辆及零件、化妆品等，中国、美国、印度尼西亚、马来西亚和日本是新加坡进口的主要国家。新加坡主要出口的产品是电机设备，包括计算机在内的机械，以及石油在内的矿物燃料、光学相关技术和医疗器械、宝石、贵金属、塑料及塑料制品、有机化学品、香水、化妆品、制药等。

新加坡国土面积非常小，只有约 720 平方公里，使其基本没有天然资源，甚至淡水和居民用电都一度需要进口。那么，为什么如此小的城邦式国家却有如此发达的贸易产业呢？

天然的地理位置因素在此不再赘述，不能忽视的另一个因素是新加坡发达的制造业。2022 年，受新冠疫情和全球供应链压力的双重影响，新加坡制造业增速从 2021 年的 7.6% 降到 3.8%，但其制造业对 GDP 的贡献近 900 亿新加坡元，是世界上为数不多的制造业占 GDP 比值超过 20% 的国家。新加坡经济发展局（EDB）的统计数据显示，新加坡目前拥有 2700 家精密工程公司、300 家半导体企业，制造了全球大约 70% 的半导体引线焊接机、60% 的微阵列、33% 的热循环仪和质谱仪，占据了全球约 11% 的半导体市场份额、20% 的半导体设备产量。同时，很多跨国公司区域总部或重要研发中心设置于新加坡，如工业领域的龙头企业荷兰壳牌（Shell）、美国美光（Micron）、德国默克（Merck），全球知名医药企业爱尔康（Alcon）、安进公司（Amgen）等。

正是基于优良的地理位置、不可替代的良港枢纽、全面的免税政策和先进发达的制造业等诸多因素形成的合力，成就了新加坡蓬勃的贸易产业。

10.3 制造业相关产业的发展情况

狭小的国土面积并没有限制住新加坡发展的步伐，新加坡在制造业领域排全球第三位。人口仅有 564 万的新加坡，却在全球制造业领域占据领先位置，新加坡为什么这么厉害？

新加坡是全球仅次于中国、美国、德国的第四大高科技产品出口国，拥有世界一流的制造业生态体系并兼具高技术和强适应性的劳动力储备，对全球各大制造业企业具有巨大吸引力。过去几十年，科技进步、全球化和亚洲崛起极大地改变了全球工业格局，为此新加坡选择快速发展"工业 4.0"，逐步将工业基础提升至全球产业链和价值链上，以加强新加坡全球领先工业的枢纽地位。经过几十年的改革发展，新加坡的制造业水平快速提升，目前已在多个专业领域取得举世瞩目的成就。

1. 电子产业

电子产业是新加坡传统产业之一，2022 年产值近 1500 亿新加坡元，约占制造业总产值的 42%。主要产品包括：半导体、计算机设备、数据存储设备、电信及消费电子产品等。新加坡电子产业的重要特征是链条式的产业群建设，尤其是半导体行业非常典型。数据显示，新加坡半导体产业占到电子制造业近 60% 的份额，占据了全球约 11% 的半导体市场份额、20% 的半导体设备产量，因此新加坡成为全球半导体行业的产业高地。无论是 IC 设计、芯片制造，还是封装和测试，新加坡的半导体产业都已经形成了一个成熟的产业链生态环境，几乎全球的芯片头部企业均在新加坡设厂。目前，来自欧美及日本等世界多个地区的半导体企业已在新加坡注册公司超过 300 家，其中 IC 设计公司 40 余家、硅晶圆厂 14 家、特制晶圆厂 8 家、封测公司 20 家，还包括一些负责衬底材料、制造设备、光掩膜等产业上下游企业。

2. 石化工业

新加坡是世界石油贸易枢纽和亚洲石油产品定价中心，也是仅次于美国休斯敦和荷兰鹿特丹的世界第三大炼油中心，日原油加工能力超过 130 万

桶，其中埃克森美孚公司60.5万桶、壳牌公司45.8万桶、新加坡炼油公司28.5万桶。炼油石化产业是新加坡的重要经济支柱，早在2011年新加坡石化行业产值就高达770亿美元，占当时生产总值的34%。新加坡的炼油厂主要加工汽油、气态燃料、合成气体、石油化工产品，以及润滑油和沥青原料，其加工能力和复杂程度全球领先。炼油业为新加坡带来了大量的利润，还为化工业提供了必不可少的原料。

新加坡天然可用来发展石化工业的用地十分有限，为此新加坡于1995年开始填海造陆，并把7个小岛合并成一个大岛，打造成了总面积32平方公里的裕廊岛，给石化行业提供充裕的地理空间。时至今日，新加坡石油行业完全按照市场机制自由发展，国家除了在搭建一流基础设施等硬件条件外基本不进行行政干预。在缺乏足够的国土与资源情况下，新加坡人用了几十年时间劈山填海，化危为机，充分利用天时、地利、人和，创造了"没有一滴油的新加坡，却成为世界第三大炼油大国"的发展奇迹。

3. 精密工程业

新加坡蓬勃发展的精密工程业是经济持续快速发展的重要原因之一，其产值约占国内生产总值（GDP）的20%。新加坡的精密工程业发展始于20世纪70年代，经过近半个世纪的快速发展，已从最初原始的承包制造商快速蜕变成提供全面解决方案的供应商，并在全球拥有强大的设计、原型测试、生产和供应链管理能力。如今，新加坡精密工程业拥有从承包制造商到全面解决方案供应商的各类型公司，具有从设计、测试、生产到供应链管理的能力，企业可以凭借新加坡强大的供应商基础、区域内十分出色的连接能力和完善的研发基础设施，大幅提升企业及跨国公司的竞争优势。新加坡在精密工程业所拥有的独特优势，让其在航空航天、半导体设备、微电子、机器人技术、石油与天然气设备等领域获得了全球领先地位。

4. 生物医药业

新加坡生物医药业基本上是"白手起家"，建国初期的新加坡基于生物医药领域的产业基础几乎是空白。经过40多年的快速发展，新加坡已经成为亚洲乃至全球领先的生物医药研发中心之一。新加坡的生物医药企业数量虽不多，但每家企业的规模和实力都非常强大，是国际市场上的重要参与者。目前，已有葛兰素史克、默沙东、辉瑞等11家世界顶级的制药和生物技术公司在新加坡投资建设了超过 25 个大规模创新研究基地，研究方向包括临床科学、基因组学、生物工程、细胞生物学、医药生物学、生物成像，以及免疫学等前沿领域，每年转化收益超过 300 亿美元。

　　新加坡政府一直将生物医药业视为关键的战略性产业之一，为此投入了大量资源，配套了相关的资金、人才、法规等。政府还建立了一系列的科研机构、实验室和园区（裕廊创新区），努力打造互相辅助的生态系统，从科研机构、孵化器、加速器到生产基地和销售市场等方面都较为完善，为生物医药企业的发展提供了更大的支持和便利。特别是近年来，政府和各大机构更是在建立创新和协作平台上下足功夫，让生态系统的协同性不断提升。此外，政府和企业也积极招揽国际人才，通过各种计划，如"优秀人才计划"，吸引更多的人才加入生物医药产业。新加坡还搭建了多个多元化的主体合作平台，促进跨国公司、本土企业、科研院校和政府机构等创新生态链的深度参与实现高效交流，重点解决其在技术研发、科研团队组建、资金扶持和商务合作等核心维度的定向需求，催化生物医药业飞速发展。

　　5. 海事工程业

　　新加坡的海事工程业包括多个领域，如港口设施、海事安全、船舶维修、海洋工程和航运等。在这些领域中，新加坡已经拥有强大的技术能力和经验，建立了世界一流的海事设施和服务。新加坡的港口设施是海事工程业的核心，拥有世界最繁忙的集装箱港口，也是世界上最大的燃油供应港口之一，其港口设施经过长期的发展和改善，已跻身全球最先进的港口之列。

　　新加坡还是全球石油和天然气钻探及近海辅助船舶市场的领头羊，本地的大型公司如吉宝企业（Keppel）和胜科工业（Sembcorp）在全球也是赫赫有名。现在，新加坡已是全球最大的升降式钻油台制造商，并占有全球 70%的市场，持有全球浮式生产储卸油装置（FPSO）改装作业 70% 的市场占有率，及全球船舶修理市场 20% 的份额。此外，新加坡在海事安全方面也非常重视。新加坡海事局负责监管船舶和港口，确保它们符合国际海事标准和安全规定。同时，新加坡还拥有一支高素质的海事人才队伍和完善的培训体系，确保海事工程业的发展和维护。

　　2020—2022 年，全球经济面临严峻挑战，新加坡制造业却宛如国民经济的一盏明灯，成为新加坡当下乃至未来经济持续增长的重要驱动力。

10.4 如何在新加坡做贸易？

中国资本热衷于奔赴东南亚挖掘投资机会，看中的是东南亚各国经济发展与互联网发展的双重红利。新加坡因国土面积原因，农林牧渔等第一产业欠发达，大部分生活物资都需要进口。同时，新加坡的电子产业、精密工程业极其发达，有大量的出口需求。选择在新加坡从事进出口贸易，借助便利的物流港区、全面的税收优惠政策和自由完善的金融体系，从海外进口货物到新加坡供本地消费，或从新加坡转口、出口货物到中国等海外市场均是不错的选择。

1. 在新加坡注册贸易公司的优势

优越的地理位置：新加坡地处东南亚，是连接亚洲和欧洲、北美洲的重要枢纽。这意味着可以更容易地进入这些市场，并在世界范围内拓展业务。新加坡已与美国、日本、中国、澳大利亚、新西兰、欧盟、约旦、智利、韩国、印度和巴拿马等国家和地区签订自由贸易协定，方便企业进军国际市场。

税收优惠：新加坡的税收体系相对简单，税率较低。对于一些特定的企业，如创新型企业，可以享受新加坡低税率（不高于17%），同时可实现国际合法规划税务（用于操作离岸业务），易获得国际资本支持机会，融资投资更加便利，有助于企业在创新发展方面获得更多支持。

优越的营商环境：新加坡政府一直致力于促进和发展企业。政府为企业提供了各种支持和便利，例如优秀的基础设施、简便的企业注册和许可程序、完善的知识产权保护等。

高效的司法体系：新加坡的司法体系被公认为高效、透明和可靠。这意味着企业信任法律制度，可以获得更好的法律保护。

世界级的金融中心：新加坡拥有成熟的金融市场和良好的金融监管制度，这为企业融资提供了更多的机会和便利。作为全球第四大外汇交易中心，企业可以在新加坡注册公司实现业务转型，内贸变外贸、来料加工变生产出口与贸易一体，获得更多关税利益。

2. 在新加坡设立贸易公司的步骤

第一步：选择公司类型和名称。在注册贸易公司之前，需要先选择公司类型和名称。新加坡的公司类型包括私人有限公司、合伙公司、独资企业和非营利组织。对于大多数贸易公司来说，私人有限公司是最常见的公司类型，因为它提供了法律保护和税收优惠。在选择公司名称时，需要遵守新加坡的命名规则。公司名称必须唯一，不能与其他公司名称重复。此外，公司名称也不能涉及政治或敏感性话题，例如种族、性别或宗教等。

第二步：确定公司的董事和秘书。在注册贸易公司时，需要指定至少一名董事，负责公司的决策和管理。公司也需要任命一名秘书，负责确保公司的文件和记录得到妥善保管。根据新加坡的公司法规定，公司的董事必须是新加坡公民、永久居民或持有工作准证的外国人。秘书也必须是新加坡公民、永久居民或持有工作准证的外国人。

第三步：确定公司的注册地址。在注册贸易公司时，需要确定公司的注册地址。公司的注册地址必须是实际存在的地址，并且可以在工作时间内接收信件和文件。如果没有实际地址，可以选择使用虚拟办公室服务。

第四步：准备注册文件。在注册贸易公司之前，需要准备以下文件：

公司章程：公司章程是注册公司的重要文件之一，它规定了公司的基本信息、组织结构、管理方式和股东权益。

公司注册申请表：公司注册申请表包括公司名称、董事和秘书信息、注册地址和公司类型等基本信息。

公司董事和秘书的身份证明：在提交注册申请时，需要提供公司董事和秘书的身份证明文件。

公司注册费用：注册公司需要支付注册费用。注册费用多少取决于公司类型和注册服务机构的要求。

第五步：提交注册申请。当准备好以上所有文件和信息后，可以将注册申请提交给新加坡公司注册局（ACRA）。ACRA 是新加坡政府机构，负责管理新加坡的公司注册和监管。在提交注册申请之前，建议先进行详细的研究和准备工作，确保所有的信息和文件都是准确无误的。如果提交的信息存在任何错误或不完整，都可能会导致申请被拒绝或延迟处理。

在提交注册申请之后，通常需要等待几个工作日才能收到注册证书和商

业登记号码（UEN）。注册证书是公司的法律文件，证明公司已经合法注册。商业登记号码是新加坡商业实体的唯一标识符，可用于在新加坡进行商业活动。

除了上述步骤外，注册贸易公司还需要注意以下重要事项：

税务注册：注册贸易公司后，需要向新加坡税务局注册。根据公司的类型和业务活动，税务局将为公司分配唯一的税务登记号码（GST 号码）。

账户开设：注册贸易公司后，需要开设一个银行账户。银行账户可以用于处理公司的业务交易和管理财务。

申请营业执照：根据公司的业务活动，可能需要向新加坡政府机构申请营业执照或其他许可证。例如，如果公司从事进口或出口业务，可能需要向新加坡海关申请许可证并开通海关账户等。

10.5　新加坡的经济发展对其他经济体的借鉴意义

新加坡的崛起堪称奇迹，是小型国家经济发展的成功典范，其资源禀赋及人口、土地等关键要素极为稀缺，基本不具备经济发展的先天条件，却能够凭借区位优势、科技创新及营商环境建设实现竞争力提升，在全球经济贸易和金融服务领域占有一席之地。新加坡在李光耀等三代领导人的主导下，大力推动工业化，努力发展制造业，前后大致经历了进口导向型经济、劳动密集型产业、资本密集型产业、知识型产业、工业 4.0 等五轮经济转型改革，逐步将新加坡从一个东南亚小国发展成为经济繁荣、贸易发达、制造业鼎盛，具有全球影响力和竞争力的国家。

从经验路径来看，新加坡从"对内改革"和"对外开放"双轮驱动出发，逐步巩固提升竞争力，在内部打造严苛的法律制度和廉洁的政府管理体制，积极打造具有国际竞争力的营商环境，对外积极寻求大国平衡战略，创造稳定的外部环境，谋求有利的发展条件，这既可保持住自己的特色政治体制和社会文化，深度融入全球化进程中，又能够在全球金融、贸易和制造领域扮演重要的角色。尽管当前全球政治经济格局发生变迁，地缘政治局势动荡，但新加坡仍立足把眼光放在中长期，保持危机意识，强调区域合作，包括近年来为应对气候变化及地缘政治竞争等，力求以加快改革来适应外部变化，应对未来潜在的危机。

　　新加坡的发展经验为中小国家和小型经济体提供了有益的借鉴，即将改革作为经济发展的核心驱动力，明确自身发展定位并保证经济发展。在借鉴成功经验的同时也应看到，新加坡的转型发展也具有特殊性，包括独特的地理位置、强势的领导风格、特殊的政治体制、科学的经贸结构、完善的金融服务、平衡的外交关系等，而其典型的华人社会结构和多民族和谐共处的社会环境等也是其他经济体难以具备的条件。

（本章作者：马紫涵　华楠　荣之燮）

第 11 章

如何在新加坡打官司

11.1　新加坡法律制度简述

新加坡法律制度[①]的根源可以追溯到英国法律制度，属于普通法系。新加坡的法律由宪法、立法、附属立法（如规则和条例等）和法官制定的法律构成。

宪法作为国家的最高法律，规定了行政、立法和司法三个国家机关的基本框架。

行政部门包括民选总统、内阁和总检察长。其中，总检察长是政府的主要法律顾问，拥有起诉违法者的权力和自由裁量权。

立法机关由总统和议会组成，是负责制定法律的立法机构。议会通过的所有法案都需要总统的同意，总统可以酌情决定不同意某些法案。

司法机构由最高法院和地方法院（旧称初级法院）组成，司法机构的负责人是首席大法官。新加坡的司法权属于最高法院和任何当时有效的成文法规定的下级法院。

11.2　在新加坡打官司

新加坡人喜欢投诉。在新加坡，甚至有种说法，"不会投诉，就算没在新加坡真正待过"。东西质量问题、货不对版或买到假货、吃坏肚子、消费被宰、遇到黑心房产中介、医院医护人员或学校教师问题、环境相关问题（包括蚊子多、噪声扰民、社区小动物扰民）、个人信息泄露、劳务纠纷……都可以找到专属的投诉接待部门。但大部分投诉接待部门只是投诉渠道，不

处理具体纠纷。尤其涉及合同，例如房屋租赁和买卖中出现的纠纷，投诉是让相关主管部门惩罚销售中介或经纪中介，并不能解决纠纷或帮助挽回损失。

针对解决纠纷，新加坡专门成立 ADR（替代性纠纷解决机制）小组，并在法院、政府部门、行业协会、社区、消费者协会等成立纠纷解决中心，如新加坡金融业纠纷解决中心、新加坡劳动争议解决中心及相关社区争议解决中心等，都可以为当事人提供纠纷调解的渠道。调解是由调解人协助当事人找到涉案各方都同意且能照顾到各自不同想法的解决方案。所以，如果双方无法协商解决，就只能通过对抗性纠纷解决机制解决，即仲裁、诉讼。需要提醒的是，无论是仲裁还是诉讼，都不会因为仲裁或审理法院所在地来选择适用法律，而是首先会尊重双方当事人合同有无相关约束性协议来选择适用法律。也就是说，完全可能是在新加坡进行仲裁或诉讼，但需遵守中国法律的约束。

11.2.1　仲裁

尽管新加坡法律未明确规定何种事项不得提交仲裁，但在司法实践中，破产、清算、公民身份、婚姻、专利等事项因公共政策原因会被认定为不具有可仲裁性。

新加坡做出的国内、国际仲裁裁决均可与新加坡法院判决或指令以同样的方式被执行，前提是国内仲裁裁决需得到新加坡法院的准许，国际仲裁裁决需得到新加坡高等法院或高等法院法官的准许，而外国的仲裁裁决可通过诉讼方式得到执行。

新加坡主要的仲裁机构有新加坡国际仲裁中心（Singapore International Arbitration Centre）、国际商会仲裁院（International Court of Arbitration of the International Chamber of Commerce），以及新加坡海事仲裁院（Singapore Chamber of Maritime Arbitration）。

新加坡国际仲裁中心是最常使用的仲裁机构，成立于 1991 年 7 月，是独立的非营利性非政府组织，由来自 40 个司法辖区的 500 多名经验丰富的仲裁员组成国际仲裁员，其仲裁裁决已由澳大利亚、中国、中国香港特别行政区、印度、印度尼西亚、约旦、泰国、英国、美国和越南等《承认及执行外国仲裁裁决纽约公约》（The New York Convention on the Recognition and Enforcement of Foreign Arbitral Awards，简称《纽约公约》）签署国的法院执行。新加坡国际仲裁中心可提供中文仲裁以及涉及中国法律的仲裁员。

11.2.2　诉讼

新加坡法院分为三层：家事法院、国家法院、最高法院。

家事法院负责与家庭相关的案件和涉及青少年犯罪的案件，由家事法庭、青少年法庭、高等法院的家事庭组成。家事法庭负责离婚、遗嘱认证、收养和抚养、家庭暴力、弱势成年人保护、国际儿童拐卖等案件。青少年法庭负责青少年的福利和青少年犯罪相关的案件。高等法院的家事庭负责涉及价值在 500 万新加坡元以上资产的离婚案和遗嘱认证，以及家事法庭和青少年法庭的上诉案件。此外，家事法院还负责未成年人保护、青少年罪犯司法矫正。

国家法院负责刑罚较轻的刑事案（抢劫、盗窃、非礼、打架斗殴等），或涉及金额较低的民事案件，有地方法庭、推事庭、死因裁判法庭、小额索赔法庭、社区争议解决法庭、就业索赔法庭，不同案件与适用法庭如表 11-1 所示。

表 11-1　不同案件与适用法庭

	刑事案件	民事案件
地方法庭	最高刑期不超过 10 年或仅判处罚金的刑事案件	金额超过 6 万新加坡元但低于 25 万新加坡元的民事索赔。（涉及陆路交通和工业意外人身伤害索赔的，索赔金额上限可提高至 50 万新加坡元）
推事庭	最高刑期不超过 5 年或仅判处罚款的刑事案件	金额不超过 6 万新加坡元的民事索赔
死因裁判法庭	非自然死亡或突然死亡或死因不明的案件	不适用
小额索赔法庭	不适用	索赔金额不超过 2 万新加坡元的下列纠纷（如双方书面同意，索赔金额可提高至 3 万新加坡元）： ·销售商品或提供服务的合同。 ·与租购协议有关的不公平做法。 ·对财产造成损害的侵权行为。 ·不超过 2 年的住宅租赁有关的合同

续表

	刑事案件	民事案件
社区争议解决法庭	不适用	索赔金额不超过 2 万新加坡元的邻里纠纷
就业索赔法庭	不适用	索赔金额不超过 2 万新加坡元的雇主与雇员纠纷（如双方书面同意，索赔金额可提高至 3 万新加坡元）

最高法院由高等法庭和上诉法庭组成。高等法庭负责处理初级法院的上诉案、刑罚较重的刑事案（强奸、谋杀、贩毒、绑架等）、涉及金额较大的民事案（公司清算、破产、军人事务等）、专业技术类的案件（涉及建筑、造船复杂技术案件，涉及金融、证券、银行的复杂商事案件、公司破产或重整，涉及诽谤或职业侵害的侵权、海事保险、知识产权、医疗事故等）。此外，高等法庭还包括负责国际商事纠纷的新加坡国际商事法庭。上诉法庭管辖高等法院管辖和审理的民事和刑事案件的上诉案件。

新加坡的法院实行三审终审制，上诉法庭是新加坡的最高司法裁决庭。大体上，法院做出的终审判决可在英联邦国家，以及政府公告的区域（目前有中国香港）的法院登记后予以执行。中国与新加坡于 1997 年签订《民事和商事司法协助条约》，在此框架下，新加坡法院的判决仍需通过在中国法院重新起诉方可执行。

在小额索赔法庭，谁都不能请律师。在普通法庭，个人可以自己打官司；公司一般情况下必须委托律师打官司，但根据 2022 年 4 月 1 日生效的《法院规则 2021》（*Rules of Court* 2021），针对地方法庭和推事庭的简易诉讼（Simplified Civil Process）案件（不包括机动车事故、人身伤害、职业疏忽的侵权），公司可以授权员工代表公司打官司。

下面将按小额索赔法庭和普通法庭分别介绍诉讼流程。

11.2.2.1　小额索赔法庭

小额索赔法庭诉讼只收取一次性的申请费（最少 10 新加坡元，最多 300 新加坡元），是金钱成本较低的维权途径。

原告当事人需登录社区司法和法庭系统（Community Justice and Tribunals System，CJTS），填写诉讼所需相关信息，提交相关证据材料，写明诉求，并选择开庭审理的时间。小额索赔法庭会根据原告当事人提供的被告当事人联系方式，告知被告当事人。被告当事人可以登录 CJTS 系统查看原告当事人提交的材料，并提交证据材料。

在开庭前，小额索赔法庭会在 CJTS 系统提供双方电子协商（e-Legislation）的流程。简单来说，被告当事人可以提出条件，让原告当事人撤销诉讼。原告当事人如果接受了被告当事人的条件，就可以撤诉；如果拒绝了，才会进入开庭程序。由于电子协商是双方自行协商，大多数情况下，并不可能达成一致，所以会正常进入开庭程序。

小额索赔法庭开庭时，只允许当事人双方进入法庭，既不接受旁听，也不提供法庭记录服务，小额索赔法庭的法官（裁判官，Referee）将在当庭做出裁决。

由于 CJTS 系统不提供证人出庭申请服务，所以除非裁判官当庭批准，否则证人无法出庭。只能由当事人通过 CJTS 提交证人证词。

小额索赔法庭的裁决结果，可以申请法院强制执行，可以通过 CJTS 系统提出上诉，也可以向普通法庭提出诉讼。值得注意的是，如果当事人一方缺席开庭，则缺席的一方无法提出上诉，也无法转向普通法庭提出诉讼，只能通过 CTJS 系统提出撤销裁决，并等候小额索赔法庭重新开庭审理。

11.2.2.2　普通法庭

向普通法庭提出民事诉讼需要通过 e-Litigation 系统提交资料，只有新加坡律所的注册律师才能登录 e-Litigation 系统提交资料。代表自己或自己公司打官司的，只能去法院的法律事务服务局（Law Net & Crimson Logic Service Bureaus）大厅，现场提交材料，由服务局协助向法庭传递资料。传递资料的服务是按页收费的。

2022 年 4 月 1 日生效的《法院规则 2021》对民事诉讼程序进行了一次大刀阔斧的改革，更加致力于保证诉讼程序的高效、迅速、公平，以及避免产生不成比例的诉讼成本。①

---

① 参考新加坡法律援助网站, Civil Litigation: How to Sue in Singapore（Step-by-Step Guide）- Singapore Legal Advice.com。

1. 原诉法律程序（Originating process）

民事诉讼由原告通过送交存档（files）原诉法律程序（originating process）起诉被告开始。原诉法律程序根据案件分成原诉索赔（Originating Claim，OC）或原诉申请（Originating Application，OA）。

OC 适用于重大事实有分歧的案件，例如合同的纠纷、交通事故人身伤害的索赔、知识产权的侵犯等，较为常见。

OA 则适用于重大事实没有争议，仅法律问题需要审理，或为法律要求的案件。

表 11-2 列出了 OC 和 OA 适用的情况 ①。

表 11-2　OC 和 OA 适用的情况

原诉法律程序	适用情况
OC（简易民事程序）	案件在推事庭（Magistrate's Court）聆讯，索赔额度不超过 60000 新加坡元。 案件在区域法院（District Court）聆讯，索赔额度介于 60000~250000 新加坡元或不超过 500000 新加坡元（涉及陆路交通和工业意外的人身伤害索赔），并且所有相关方同意简易民事程序的适用性
OC	案件在区域法院聆讯，索赔额度介于 60000~250000 新加坡元或不超过 500000 新加坡元（涉及陆路交通和工业意外的人身伤害索赔）。 案件在高等法院的一般部门（General Division）聆讯，索赔额度超过 250000 新加坡元或超过 500000 新加坡元（涉及陆路交通和工业意外的人身伤害索赔）
OA	法律要求或涉及法律问题并且重大事实没有争议

鉴于 OC 较为常用，下文的内容专注在 OC 上。

2. 时效（Limitation period）

OC 需要在相关诉讼因由发生起一定的时间内送交存档，具体的细节由《时效法案》（*Limitation Act*）规定，但一般为诉讼因由发生起 6 年，人身伤害则是 3 年。

3. 送达 OC（Service of OC）

OC 需要送达至被告，一般通过面交。若需要在新加坡境外送达至被告，

---

① 参考新加坡法院网站，https://www.judiciary.gov.sg/civil/civil-claims-（from-1-april-2022）/start-a-civil-claim-（from-1-april-2022）。

则需要向法院提出申请。

一旦 OC 已经送达给被告，原告就需要将送达备忘录（memorandum of service）向法院送交存档。

4. 拟抗辩或不抗辩通知书（Notice of intention to contest or not to contest）

被告需要在收到 OC 后的规定时间内向法院送达存档拟抗辩或不抗辩通知书，无论其是否打算抗辩。

若逾期未送达拟抗辩或不抗辩通知书，原告可以向法院申请被告因未发出拟抗辩或不抗辩通知书而败诉的最终判决。

5. 状书的送达存档（Filing of pleadings）

在一般情况下，OC 会伴有一份申诉陈述书（statement of claim），陈述申诉因由的重要依据及原告所要求的救济。

在一定的时间内，被告要送达存档抗辩书（defence），提出抗辩的理由。若被告打算向原告索赔，可以将反申诉书（counterclaim）连同抗辩书一起送达存档。

申诉陈述书和抗辩书都必须概述案件的事实与法律事项，以帮助法官和当事人双方厘清案件争议焦点，避免各方在与案件无关或无争议的事项上浪费时间证明。

由于当事人的开庭陈词在开庭前就已经递交给法院，因此法院通常会在开庭时宣布该陈词已为各方知悉，各方无须再进行口头的开庭陈词，直接进入对证人的口头质询环节。

6. 申请要求做指示的传票（Summons for directions）

状书交换结束后，原告会向法院申请发出要求做指示的传票，就若干事项预先作出决定（举例如下），以便审讯可以有效率地进行：

- 誓章（affidavit）的送达存档和交换期限。
- 每一方需要的证人人数。
- 审讯需时多久。

7. 法律发现（Legal discovery）

法律发现指的是诉讼方相互取得与裁决诉讼相关的文件。

在做指示的传票聆讯时，法院一般指示诉讼中相关的文件需做出交换。

8. 非正审申请（Interlocutory applications）

为审讯做进一步的准备，诉讼任何一方可以向法院做出非正审申请。非正审申请一般以传票做出，并伴有誓章。在尽可能的情况下，法院会下令各方就审讯前的非正审申请做出一个统一的申请。

9. 案件会议（Case conference）

案件会议是和法官开的会议，目的在于确认所有审讯前需要决定的事项和申请都已处理，案件可进行至审讯阶段。

10. 誓章的送达存档（Filing of affidavits）

在审讯前，诉讼各方需要就其每一位证人准备、送达存档及交换主问证据（evidence in chief）。主问证据为证人宣誓的书面陈述，作为他们在审讯中的主要作供，并且将接受盘问（cross examination）。

11. 排期审讯（Set down dates for trial）

在各项审讯前需处理的事项已获得处理，并且诉讼方已准备就绪后，一般原告会申请排期审讯。法院将就审讯定下日期。

12. 审讯（Trial）

审讯一般由诉讼各方的律师代表进行。诉讼方自行进行审讯程序的较为少见。

在各诉讼方的证人已完成作供后（包括接受盘问），诉讼方将做出结案陈词。根据法官的指示和案件的复杂程度，结案陈词可以口头或书面的形式进行。

13. 判决和命令（Judgments and orders）

判决是法院在审讯结束后做出的决定。法院可能在结案陈词后当场做出判决，或通知诉讼方择日返回法院听取判决。

14. 上诉（Appeal）

若诉讼其中一方不满法官的决定，其可向更高法院提出上诉。

15. 判决的执行（Enforcement of judgments）

法院做出判决后，胜诉方可执行判决里的命令。

16. 审讯后事项（Post-trial matters）

在法院程序结束后，法院将决定诉讼方需负责的讼费和代垫费用等。

法律费用包括：律师费用、诉讼费及增值税（如适用）等。在绝大部分案件中由败诉方承担。如果双方各有输赢，且无法就法律费用达成一致，则由法院通过核定程序（taxation proceedings）决定。

尽管新加坡法律体系的高效和完整性获得了广泛的国际好评，但总体上说，诉讼这种对抗式的争议解决方式，往往需要支付较高的费用，也会耗费较长时间。

普通法庭的流程见图 11-1。

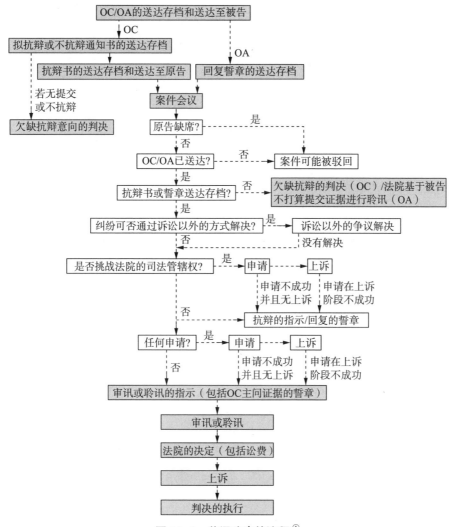

图 11-1　普通法庭的流程[①]

注：灰底框为主要的步骤，无灰底框显示案件会议时会考虑的主要事项。

[①]　参考新加坡法院网站，https://www.judiciary.gov.sg/civil/new-rules-of-court-2021/digest-1。

11.3 新加坡的刑法

11.3.1 刑事程序

刑法有别于民法，一般通过国家禁止某些类型的行为来保护公众和维护社会秩序。刑事诉讼旨在遏制罪案和惩治罪犯。被指控犯罪的人（被告）可能会在法庭上受到指控，如果被判有罪，则会受到惩罚。法院给予适当的惩罚以威慑（有时是改造）罪犯，保护公众免受犯罪侵害并确保正义得到伸张。可能的惩罚包括但不限于监禁、罚款、鞭刑或死刑等。

在新加坡，总检察长（Attorney General）有权针对任何罪行提起、进行或终止任何诉讼程序，而总检察长应是检察官（Public Prosecutor），控制和指导所有刑事诉讼和诉讼程序。实际操作中，总检察署的刑事科（Criminal Division）负责所有刑事诉讼。刑事科人员在检察官的授权下担任副检察官（Deputy Public Prosecutors）和助理检察官（Assistant Public Prosecutors），并在决定是否提出检控时，会考虑的因素包括是否有充足证据支持提出刑事起诉法律程序及提出检控是否符合公众利益。

新加坡的刑法可分为法律程序与实体法两个部分。实体法的相关法案包括但不限于《刑事法典》《滥用毒品法令》《防止贪污法令》《杂项罪行（公共秩序与骚扰）法令》等。与程序相关的法案包括但不限于《刑事程序法典》《证据法令》等。

刑事实体法对不同犯罪行为的定义和不同执法机构的调查权限等有详细的规定，本章主要就新加坡的刑事诉讼程序作一简要梳理。新加坡的刑事审讯不涉及陪审团审讯。

下文根据图 11–2 分几个部分进行简要说明：①过堂庭；②审前会议；③审讯；④判刑；⑤上诉。最后略述新加坡的刑事法律援助计划。

1. 过堂庭

一般被指控犯罪的人被警察或其他执法机构逮捕后将在被捕后 48 小时内被带上法庭。法庭将决定其是否应该被进一步拘留或保释。当检方准备对其提出指控时，其将被要求出庭。这通常发生在警察或执法机构完成调查之后。

刑事案中的被告初次出庭正式面控，并表明是否要认罪或抗辩（即认罪或不认罪）的法庭称为刑事案过堂庭。出庭是强制性的，被告若不出庭将导致法庭发出拘捕令，并且保释金也可能被没收。

在刑事案过堂庭上，当控状宣读之后，法官可发出以下任何庭令：

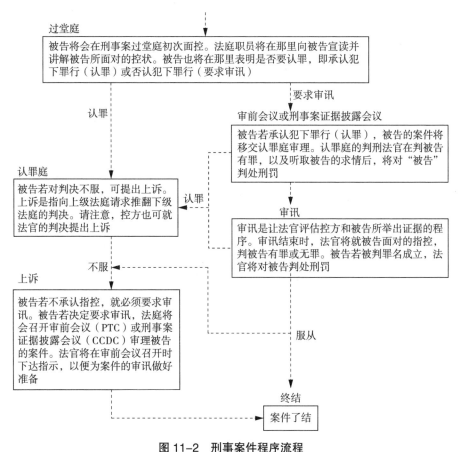

过堂庭
被告将会在刑事案过堂庭初次面控。法庭职员将在那里向被告宣读并讲解被告所面对的控状。被告也将在那里表明是否要认罪，即承认犯下罪行（认罪）或否认犯下罪行（要求审讯）

要求审讯
审前会议或刑事案证据披露会议
被告若承认犯下罪行（认罪），被告的案件将移交认罪庭审理。认罪庭的判刑法官在判被告有罪，以及听取被告的求情后，将对"被告"判处刑罚

认罪

认罪庭
被告若对判决不服，可提出上诉。上诉是指向上级法庭请求推翻下级法庭的判决。请注意，控方也可就法官的判决提出上诉

认罪

审讯
审讯是让法官评估控方和被告所举出证据的程序。审讯结束时，法官将就被告面对的指控，判被告有罪或无罪。被告若被判罪名成立，法官将对被告判处刑罚

不服

上诉
被告若不承认指控，就必须要求审讯。被告若决定要求审讯，法庭将会召开审前会议（PTC）或刑事案证据披露会议（CCDC）审理被告的案件。法官将在审前会议召开时下达指示，以便为案件的审讯做好准备

服从

终结
案件了结

图 11-2　刑事案件程序流程

资料来源：《自行应诉——被告指南——如何自行办理诉讼》。

（1）问被告是否要认罪或抗辩。

（2）下令还押。

（3）案件延后审理。

对于某些类型的案件，若被告决定认罪，过堂庭可能会审理被告的案

件，判被告是否有罪，并对被告判处刑罚；否则，案件通常由过堂庭移交判刑庭（通常指认罪庭）审理。被告下次出席的庭审称为过堂认罪。

被告若决定要求审讯，法庭将为案件安排召开审前会议（Pre-Trial Conference，PTC）。

若案件延后审理，法官将决定被告是否可被保释在外候审。

2. 审前会议

被告若在案件过堂时要求审讯，过堂庭就会为案件安排召开审前会议（PTC）。有关审讯的简要刑事诉讼流程如图 11-3 所示。召开审前会议的目的是在确定审讯日期之前，让被告与控方为审讯做好准备，以及处理任何行政事宜。被告必须与代表控方的警方主控官或副检察司（DPP）出席审前会议。在会上，控方与被告将通知法官将被提交证据的性质，以及谁是将被传召的证人。

一旦所有行政事宜，包括刑事案证据披露会议（如适用）都已处理妥当，法官就会定下审讯日期。

所谓的刑事案证据披露会议是为了让各方相互披露案情而正式确立的程序，让控方与被告在审前阶段披露各自的案情，以及打算举出的证据。刑事案证据披露会议只适用于特定类型的案件，例如《武器与爆炸物法令》《驱逐出境法令》《赌场管控法令》《滥用电脑法令》《移民法令》《内部安全法令》《刑事法典》《证券及期货法令》《破坏公物法令》等。

参与刑事案证据披露会议并非强制性的，被告可自行选择是否参与：参与或许可让被告更了解控方案情，并获取供被告抗辩用的警方录取的口供书；不参与则被告将没有机会在审讯之前考虑控方的证据，控方也没有机会在审讯之前考虑被告的证据，一旦所有行政事宜都已处理好，法庭就会定下审讯日期。在审讯之前，若控方有机会考虑被告的证据，被告被指控犯下的罪行，在某些情况下或许可被减轻。

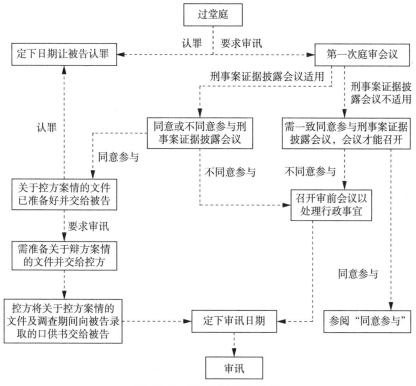

图 11-3　简要刑事诉讼流程

资料来源：《自行应诉——被告指南——如何自行办理诉讼》。

3. 审讯

审讯的目的是就被告所面对的指控，判被告是否有罪。审讯时法官将依据法律，听取被告和控方的呈堂证供，评估证供的准确性及可信度，设法查明事情的真相。

审讯分成以下几个阶段进行：

第一阶段：控方陈述案情，被告确认是否要认罪或要求审讯。若要求审讯，控方证人就会开始供证。

第二阶段：控方证人接受讯问。每名控方证人接受讯问的过程分为三个阶段：主要讯问——控方传召证人出庭供证；盘问——证人经过主要讯问后，被告可以盘问证人，包括提问任何引导性问题；再讯问——被告的盘问结束后，控方可以向证人进行再讯问，以澄清盘问阶段证人所做的证供。

第三阶段：控方传召所有证人出庭供证后，法庭将裁决控方证据是否充足和被告是否必须答辩。被告若认为控方证据不足，可向法庭表明被告无须答辩。若控方已经举出充足的证据，证明被告犯下的罪行，法庭就会传召被告进行答辩。若被告在这时选择保持缄默，法庭可做出合理的推断，包括那些对被告不利的推断，并可将被告选择保持缄默作为考虑判被告是否有罪的因素。被告可以传召其他证人为被告的答辩供证。主要讯问、盘问及再讯问的程序同样适用于所有辩方证人。

第四阶段：若被告选择供证，被告将是第一个上证人席供证的证人而接受讯问，主要讯问、盘问及再讯问的程序也适用于被告。

第五阶段：被告供证完毕后，便可传召被告的证人逐个上证人席供证。

第六阶段：控方可在这个阶段传召或再次传召证人，以反驳被告答辩时所做的证供。只有在被告答辩时提出新证据的情况下，控方才可传召证人加以反驳。被告也将有机会盘问证人。

第七阶段：被告和控方做出结案陈词，总结各自的证供和论点，以说服法官做出有利于各自的判决。

第八阶段：法官就案件做出判决并宣判。被告若被判罪名不成立，审讯就此结束，被告便可离开法庭；被告若被定罪，案件进入求情和判刑阶段，法官将决定对被告判处什么刑罚。被告若对判决或刑罚不服，或对两者都不服，可自判刑日起 14 个公历日内，提出上诉。刑事案讯概述见图 11-4。

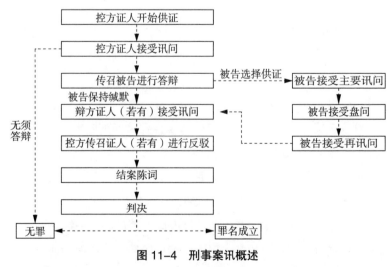

图 11-4　刑事案讯概述

资料来源：《自行应诉——被告指南——如何自行办理诉讼》。

142

4. 判刑

刑罚是指被告被定罪后必须接受的处罚。依据法律规定，可判处的各种刑罚包括：①罚款；②监禁；③鞭刑；④预防性监禁；⑤改造性监禁；⑥缓刑监视；⑦改造训练。

以社区为本的刑罚，包括强制治疗令（Mandatory Treatment Order，MTO）、日间报到令（Day Reporting Order，DRO）、社区工作令（Community Work Order，CWO）、社区服务令（Community Service Order，CSO）、短期拘留令（Short Detention Order，SDO）。

无论被告是因认罪还是经过审讯被判罪名成立，一旦被定罪，法官就会决定被告将接受什么刑罚。

以下列出判刑程序的简要步骤，其中步骤 1 至步骤 3 仅适用于未经审讯而选择认罪（Plead Guilty，PG）的被告。若是经过审讯被判处刑罚，请直接跳到步骤 4。

步骤 1：法庭通译员将会向被告宣读控状，并问被告是否认罪或要求审讯。被告若有意认罪，就可通知法庭。

步骤 2：案情陈述书（Statement of Facts，SOF）将在被告表明有意认罪后宣读。它包含与被告的罪行相关的案情。只有当被告承认案情陈述书的案情时，法庭才会将被告定罪。被告若不同意案情陈述书的任何部分，都应该通知法庭。控辩双方若无法同意任何重要案情，案件就必须进行审讯。

步骤 3：被告若认罪并同意案情陈述书的案情，且法官确信所有构成罪行的元素已经加以证明，在毫无合理疑点情况下，法官就会将被告定罪。

步骤 4：控方将会通知法庭是否有其他控状，需要法庭在判刑时纳入考量。

步骤 5：控方将会通知法庭关于被告以往的犯罪记录（案底或前科），被告必须确认该记录是否正确。被告若确认该记录正确，庭审就进入了下一阶段。

步骤 6：控方就刑罚陈词，向法庭提议应判处的刑罚。

步骤 7：被告有机会向法官求情，以让法官在判刑时酌情轻判。

步骤 8：控方有机会针对被告求情的内容做出回应。

步骤 9：法官会考虑应判处的适当刑罚，考量因素包括：罪行的性质及严重性；被告犯下罪行时的情况；预谋的程度；所造成的伤害程度及性质；被告的犯罪记录；减轻刑罚的个人情况。

一旦准备就绪，法官就将宣判刑罚。法官可在听取求情后，立即或延期宣判。被告若对判刑不服，可在刑罚宣判后的 14 个工作日内，针对其定罪或判刑，或对二者提出上诉。

步骤 10：被告若被判处监禁，就必须立即服刑。被告若要延后服刑，就应该在刑罚宣判后立即通知法庭，做出申请。延后服刑的申请若被批准，法官很可能会施加某些条件，尤其是一旦暂缓服刑期限届满，被告就必须向法庭报到开始服刑。判刑的程序见图 11-5。

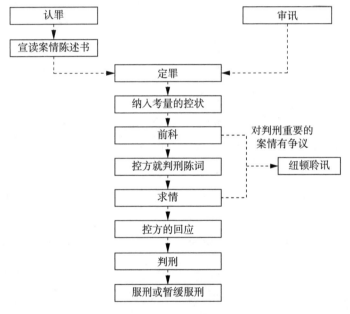

图 11-5　判刑的程序

资料来源：《自行应诉——被告指南——如何自行办理诉讼》。

5. 上诉

上诉是由对判决不服的一方提出，以便向上诉庭呈请推翻下级法庭所做的判决。上诉可由被告或控方提出，若控辩双方都对判决不服，双方都可提出上诉。

被告只可针对法官的判决提出上诉。因此，被告若因为认罪而被定罪，就不得针对被定罪提出上诉；被告若是经过审讯被定罪及被判刑，就可选择针对定罪或判刑，或这两者提出上诉。被告上诉流程见图 11–6。

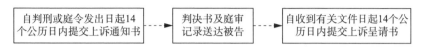

图 11–6　被告上诉流程

资料来源：《自行应诉——被告指南——如何自行办理诉讼》。

11.3.2　刑事法律援助计划（Criminal Legal Aid Scheme，CLAS）

刑事案件的被告一般会聘请律师协助辩护。若被告负担不起律师费，可依据律师公会无偿服务的刑事法律援助计划寻求援助。被告若符合以下条件，在刑事法律援助计划下委派的志愿律师就会代表他们应诉：

（1）通过经济状况审查，这包括对收入及可支配资产的审查。CLAS 下的每个项目都有其经济状况的审查要求。

（2）打算就涉及以下法令列明的罪行认罪或要求审讯：

《武器与爆炸物法令》、《武器罪行法令》、《滥用电脑法令》、《腐蚀性与爆炸性物质及攻击性武器法令》、《危险性烟火爆竹法令》、《应募入伍法令》、《爆炸性物质法令》、《影片法令》、《杂项罪行（公共秩序与骚扰）法令》、《滥用毒品法令》、《放贷人法令（第 188 章）》（第 14 条、第 28 条）、《刑事法典》、《防止贪污法令》、《妇女宪章》第 65 条（第 8 款）与第 140 条（第 1 款第 i 项）、《不良刊物法令》、《破坏公物法令》。

11.4　神秘的新加坡鞭刑

说到新加坡，有句著名双关语：Singapore is a fine place! 新加坡既处处风景秀丽、充满"美好"，也遍布严惩与"重罚"。众多"重罚"措施中，最广为人知，又让人匪夷所思、饱受争议的，或许非鞭刑（caning）莫属！赴新加坡留学或工作的资料介绍中，一般还专门提醒务必严守当地的法律，并

特别提到鞭刑。

11.4.1　新加坡鞭刑的概述

新加坡的鞭刑，简言之，就是用鞭抽打犯人（既包括犯法的人，也包括犯罪的人，下同）的臀部。与中国古代家长用藤条教育孩子不同的是，鞭刑是对犯人肉体和精神的双重惩罚，抽打力度更强、精度更高，犯人挨鞭后臀部严重肿胀，既要忍受剥床以肤的异常痛苦，又受到心理上强烈的震慑。

从法律角度看，鞭刑在新加坡既有刑罚基因，又兼具行政处罚或处分的属性。

刑罚方面，鞭刑在新加坡广泛适用于数十种罪名，一般作为监禁刑的附加刑，与中国刑罚的附加刑相似，既有"应当"并科，也有"可以"并科。新加坡法律规定"应当"并科鞭刑的有 40 余种犯罪行为，包括抢劫、强奸、逾期居留、入室盗窃并伤人、雇用超过 5 名非法移民、敲诈勒索、暴动、非法制造或走私毒品、非法涂鸦等；另有法官自由裁量"可以"并科的 30 余种犯罪行为，主要是犯罪时未使用暴力或威胁使用暴力的相对较轻犯罪行为。对于"可以"并科的，法官在司法实践中也大多倾向予以并科。如某案中，犯人对女性实施非礼行为，法官就表示至少应判处 9 个月监禁刑并附加 3 鞭。

此外，根据新加坡的部门法，鞭刑也适用于故意破坏艺术、涂抹损害公私财物等治安违法行为或违反监狱狱规、部队纪律等违纪行为，在此情况下，鞭刑又具有行政处罚或处分的"非刑"属性。

11.4.2　新加坡鞭刑的适用范围

人员方面，新加坡鞭刑大多适用于健康成年男性，具体以做出裁决而非犯人作案时的年龄为准，区分不同的适用层次：对 7~16 周岁的青少年，数罪并罚不得超过 12 鞭；对 16~50 周岁的成年男性，数罪并罚不得超过 24 鞭。另外，对于 7 周岁以下或 50 周岁以上男性、死刑犯、有健康问题不能承受鞭刑的及女性则完全排除适用鞭刑。

罪名方面，新加坡鞭刑经历了范围逐步扩大的过程：19 世纪末仅小部分暴力犯罪适用鞭刑，1966 年开始对个别非暴力犯罪（如破坏公物罪）适用鞭刑，1973 年开始对交通肇事、非法生产、进出口毒品犯罪适用鞭刑，

1988 年开始对进口、销售烟花爆竹罪及因燃放鞭炮引发的其他犯罪适用鞭刑，1989 年开始对非法入境或逾期非法居留适用鞭刑。

11.4.3　新加坡鞭刑的执行

新加坡《刑事诉讼法》对鞭刑的执行进行了严格限制，在执行时间、地点、人员、工具及人道主义防护、替代 / 转换机制等方面都做了明确、细致的规定，如表 11-3 所示。

表 11-3　新加坡鞭刑执行规定

时间、地点	监狱设固定鞭刑室和行刑日期，对被判处鞭刑的犯人统一行刑。 鞭刑室楼层较高，室内宽敞明亮、器具齐全。 为避免对犯人造成不当长期心理恐惧，执行鞭刑一般不提前通知。 行刑之日，受鞭刑的犯人被从监仓带出，蹲在鞭刑室外排队，按顺序受刑
执行人员	行刑官需经严格选拔方能担任，一般是特种部队退役人员或练习武术、从事搏击的健硕魁梧"肌肉男"，按鞭打犯人数量获取相关补贴和奖金。 执行人员通过选拔后，上岗前还需接受专门训练，训练由监狱主行刑官和医务人员等组织，项目包括鞭打沙袋、假人等，目的是熟练掌握科学鞭打技巧，于犯人臀部精准制造最大限度的肉体痛感，但产生最低限度的永久伤害。 执行人员接到行刑命令后，边报数边打，每报 1 次，10~15 秒后挥鞭执行。 执行人员每鞭都必须倾尽全力，尽量打在臀部的不同部位，并避开已严重受伤的部位，达到"鞭痕整齐排列于犯人臀部"的效果。① 执行鞭刑需要高超的技术，并耗费大量体力，为确保自始至终保持相同的鞭打效果，几名执行人员可以轮流行刑
行刑鞭	新加坡行刑鞭曾有皮鞭和藤鞭之分，皮鞭主要承袭于英国鞭刑的"九尾猫"皮鞭，系新加坡早期所用，后为强化鞭刑效果，改成藤鞭，并沿用至今。 藤鞭尺寸由新加坡法律明确规定，长 3.9 英尺（约 1.2 米），直径 0.5 英寸（约 1.27 厘米），粗细相当于成年男性小拇指，但对年轻犯人的藤条略细。 行刑前，藤鞭的前 1/3（直接抽打臀部）部分会在水中浸泡一夜，主要有三方面考虑：①通过浸泡提高藤鞭弹性和韧性，增强犯人疼痛感，实现最好的抽打效果；②通过浸泡软化藤条表面的毛刺，避免扎进，甚至折断于犯人皮肉中，带来不必要的附加伤害；③通过在水中加入适量龙胆紫等消炎药水，降低犯人伤口被感染的次生风险

---

① 新加坡前监狱局局长郭士力于 1974 年在记者招待会上介绍道，"（执行人员）用全身的重量，而不仅仅是臂力。他紧握刑鞭，抢圆胳膊，以脚为支点转半个圈，重重出手"。一位受刑者阿沈称"第一鞭打下来了，难以置信地疼，而我要挨 5 鞭，全身上下只有头发不会觉得疼。我当时觉得不可能更疼了，可是第二鞭更疼了，当时我真觉得我要给打死了。到第三鞭，打得我一佛出世二佛升天，身子就是一团感觉到疼的肉"。（良言 . 恐怖的新加坡鞭刑［J］. 中国保安，2004（24）：14-15.）

续表

行刑架	行刑架高 2.74 米，由两个"H"形木框组合而成，木框顶部连接在一起，下端两边分开并牢固固定于地面，组成"A"字形。 　　犯人进入鞭刑室后，先脱光衣服，面朝行刑架等待指令。行刑时，犯人紧贴行刑架上的横木，以微超 90° 姿势俯身向前趴下，全身从胯部弯曲露出臀部，让臀部更加凸出，容易鞭打。 　　犯人的双手、双脚分别由 4 条皮带捆扎并固定于行刑架的横木上，防止其因过于痛苦而挣扎，造成场面混乱
配套保护	监狱执行鞭刑时，外人不得在场，由监狱官和医务人员在场监督并提供相应基本防护，充分体现了人道主义精神。 　　为防止鞭打失准导致犯人肾脏、脊椎骨等重要脏器、关键部位受损，在犯人趴上行刑架的横木之前，医务人员需在犯人后腰、大腿等与臀部相邻的部位绑上护垫，对附近脏器提供相应保护。 　　执行前，医务人员会现场检查、评估犯人的健康状况，确认可以接受鞭刑才能执行。 　　执行中，一般按 1 鞭／分钟的频率执行，间歇期间，医务人员会及时对犯人健康状况重新评估，确认适合再继续。如因犯人中途发生健康问题导致不能行刑，则由医务人员出具证明，待健康允许时再继续。 　　执行完，医务人员会给犯人敷上消炎药水，让其回牢房慢慢自行恢复，细细"品味"肉体疼痛的感觉 [①]

　　与中国古代刺配刑类似，新加坡鞭刑不仅是一项刑罚，更是一种羞耻。新加坡时任监狱局局长表示，"鞭痕是除不掉的，这将伴随他们一生，是他们一生的耻辱"。受过鞭刑的人一般很难找到结婚对象，女生择偶时如发现男子有鞭痕，便不会与之继续交往并结婚；不得参军服役，受过鞭刑的人，是不可能通过新加坡部队服役审批的。

---

　　① 《羊城晚报》曾引述一位受过鞭刑犯人的回忆称："我的两片屁股好像着了火，肿成平时两倍大。刚受完刑，我在牢房地上趴了 4 小时。不能坐、不能躺，不能正常吃饭睡觉，更不能走路。最怕的就是内急，不敢蹲，一蹲下伤口就又要撕裂。屁股上的皮都被撕光了，后背和腿后侧都是瘀血，血断断续续流了好几天。第一个礼拜，夜夜疼得睡不着，疼痛不可忍受。约有 10 天不能穿裤子，只能围条遮羞布。以后的三个星期，都要趴着睡。过了一个多月，伤处才干燥结痂，但还得接受下一鞭。以后我的屁股就不是一个正常屁股了，皮肤松弛垂下来，上面都是疤痕。"（牛占龙．新加坡鞭刑漫谈［N］．人民法院报，2012-06-22.）

11.4.4　新加坡鞭刑的法律依据

从鞭刑的执行过程我们发现，鞭刑无疑属于肉刑、酷刑，似与人类文明社会，特别是高度发达的新加坡社会格格不入。也正因如此，新加坡鞭刑至今一直饱受争议。联合国多次在国际法文件[①]中强调禁止酷刑，但新加坡却未加入或批准任何一个"反酷刑"的国际条约或国际公约；相反，鞭刑在其国内却有着明确的法律规定。

1. 宪法和刑法层面

新加坡不过于追求个体自主，其宪法也未对加强个体权利保护相关内容予以明确规定[②]。因此，鞭刑的存在不会违反新加坡宪法规定及其基本精神。在新加坡《刑法典》中，第 53 条明确规定："本法典规定的犯罪应判处的刑罚——（1）死刑；（2）徒刑；（3）没收财产；（4）罚金；（5）鞭刑。释义：鞭刑应当以藤条执行。"

2. 行政管理部门法

主要有：《移民法案》[③]《滥用毒品法案》《道路交通法案》《铁路法案》《儿童和青少年法案》《公共秩序（维持）法案》《危险焰火法案》《武器与爆炸物法案》《腐蚀物、爆炸物和攻击性武器法案》《监狱法案》[④]《新加坡武装部队法案》《破坏法案》[⑤]《2008 放贷人法案》等。

---

① 这些国际法文件包括《囚犯待遇最低限度标准规则》《公民权利和政治权利国际公约》《保护人人不受酷刑和其他残忍、不人道或有辱人格的待遇或处罚宣言》《禁止酷刑和其他形式的残忍、不人道或有辱人格的待遇或处罚公约》《罗马规约》等。

② 在《1966年宪法委员会报告》中，新加坡宪法委员会认为"保护新加坡的最好方法就是加强宪法对个体权利的保护，这些权利应就包括让个人免受残酷的、非人道，或有辱人格的刑罚处罚的权利"，但该意见最终未被新加坡国会采纳。

③ 非法入境或者逾期逗留者将被判处 6 个月以下监禁刑，并处至少鞭 3 下或罚款。

④ 新加坡监狱条例规定10种违规行为可被施以鞭刑，包括暴乱、越狱、试图越狱、伤害他人身体、故意毁坏狱内物品、虚假申诉等。对于严重违反狱规的犯人，由监狱当局直接鞭最高 12 下，或由来狱法官判处最高鞭 24 下；对于 15 岁以下未成年犯，由来狱法官判处最高鞭 6 下。

⑤ 该法案首次对非暴力故意破坏艺术行为，包括涂鸦和乱贴海报施以鞭刑，将鞭刑适用扩张至非暴力行为。

11.4.5　新加坡保留鞭刑的考虑

新加坡鞭刑制度源于其殖民地宗主国——英国。因鞭刑天然具有肉刑、酷刑的"基因"，英国1948年便修改法律予以废止。美国等西方"民主"国家纷纷谴责新加坡鞭刑侵犯人权[①]，但新加坡却坚定地保留至今并广泛适用[②]。从我们了解到的情况看，除前述其未加入或批准相关国际公约或条约外，新加坡保留鞭刑还有着政治、经济和文化等方面的长远考虑。

1. 社会治安需要

马六甲海峡曾是世界上最严重的暴力犯罪——海盗罪的频发之地，新加坡历史上也曾是海盗据点之一。作为一个700平方公里的岛国，新加坡资源匮乏，连淡水都无法自给自足，却有超过500万的常住人口，是世界上人口密度最高的国家之一。多种族、多宗教、多文化、多语言在这里并存，加上大量外劳（近120万人）不断涌入，使得新加坡社会人口成分复杂、良莠不齐，为社会治安带来了沉重的负担。

美国心理学家马斯洛认为，人的需求是有层次的，由高至低分别为：自我实现需求、尊重需求、社交需求、安全需求、生理需求。对于国家来说，安全、稳定的社会秩序是最基本的需求。1991年1月，新加坡国会发表《共同价值观白皮书》，明确提出了作为国家意识的"五大共同价值观"，首要就是"国家至上、社会优先"。鞭刑有非常好的震慑作用，能在社会治安压力较大情况下，有效实现"良法善治"的社会秩序，满足人们对安全、稳定社会秩序的需求。正是因为鞭刑大量、普遍的适用，新加坡可以做到"路不拾遗、夜不闭户"，犯罪率低到令人惊讶！甚至邓小平同志在讲话中都曾专门提出，新加坡的社会秩序算是好的，他们管得严，我们应该借鉴他们的经验！

---

① 最直接莫过于"迈克·费伊"案。1993年，美国青年迈克·费伊（Michael Fay）多次与同伴往他人汽车上喷漆，违反了新加坡《破坏法案》，被判处监禁2个月、鞭6下。时任美国总统克林顿认为，对财产犯罪适用鞭刑系严重的罪责刑不适应，专门致函新加坡时任总统王鼎昌为迈克·费伊求情，认为量刑过重且鞭刑尤为苛严。但新加坡最终并未免除迈克·费伊的鞭刑，而是从鞭6下减至鞭4下。此后，美国政府无条件地反对新加坡举办世贸组织第一次会议，以示报复。

② 据统计，新加坡1993年有3244名犯人受到鞭刑，至2007年则达到6404名，其中以外国人居多。

2. 监禁刑功能的弱化

中国法家代表商鞅认为，"刑罚，重其轻者，轻者不至，重者不来，此谓以刑去刑，刑去事成"。意大利著名刑法学家切萨雷·贝卡利亚认为，"刑罚的目的仅仅在于：阻止罪犯重新侵害公民，并规诫其他人不要重蹈覆辙"。新加坡政府曾投入巨资优化监狱设施，建成高度现代化、功能齐全的监狱体系，大幅改善了犯人服刑的环境，提高了犯人的待遇，但这在一定程度上也削弱了监禁刑"以刑去刑、惩一儆百"的犯罪预防功能，鞭刑的存在恰能予以适当补充。正如李光耀所说，"我们知道有时候把人关在监狱里，也于事无补，他不会因此而改过自新，因为监狱里能提供免费的伙食，有足够的阳光，也有运动的空间"。关于保留鞭刑，李光耀还进一步解释称："我知道刑法学和犯罪学专家多么强烈地反对鞭刑。但不幸的是，我认为我们现在的社会只理解两个东西：激励和威吓。我们要两者都用：胡萝卜和棍棒。有些问题罚款没用，但是如果说他要被重重地打那么三下，我想他就不会再有热情了，因为被鞭打这种很羞耻的经历是没有什么值得炫耀的。"①

3. 民众的普遍支持

"迈克·费伊"事件之后，新加坡也曾有人重新检视鞭刑存在的必要性。《海峡时报》1994 年 5 月 29 日专门做了民意调查，结果显示九成以上民众认为应当保留鞭刑，具体如表 11-4 所示。

表 11-4　民众对于鞭刑支持情况

序号	罪名 / 类罪	民众鞭刑支持率 /%
1	强奸	99
2	持械犯罪	92
3	猥亵	88
4	涂鸦	79

民意调查中，新加坡多数民众认为，虽然鞭刑过于严厉，甚至有点残忍，但这能使新加坡更安全、干净。

---

① PBL Andrew，WC Chan，The Development of Criminal law and criminal justice in Singapore，Research Gate.

4.穆斯林文化的影响

新加坡周边的马来西亚、文莱等国家至今依然保留鞭刑。此外，新加坡历史上曾是马来西亚联邦的一部分，1968年马来西亚联邦颁布《穆斯林法实施法令》，就穆斯林法律在新加坡的适用做了明确规定。目前，马来族仍是新加坡人口排第二位的民族，占比达13.4%，鞭刑恰是穆斯林的传统刑罚，新加坡保留鞭刑或许顺应了这种文化需要。

参 考 资 料

[1] https://www.mlaw.gov.sg/about-us/our-legal-system[EB/OL].（2022-11-21）.

[2] https://www.judiciary.gov.sg/who-we-are/what-is-criminal-case[EB/OL].（2022-08-09）.

[3] https://www.judiciary.gov.sg/criminal/charged-with-crime[EB/OL].（2022-08-09）.

[4] https://www.agc.gov.sg/our-roles/public-prosecutor/public-prosec[EB/OL].（2022-08-09）.

（本章作者：庄心柔　章文峰　张新建）

第 12 章

新加坡如何治理网络谣言

12.1 POFMA 的诞生

2019 年 5 月 8 日，新加坡国会以 72 票赞成、9 票反对通过了一项名为 Protection from Online Falsehoods and Manipulation Act 的法案（以下简称 "POFMA 法案"，中文可译为 "防止网络虚假信息和操纵法案"），这是继 2018 年新加坡国会通过《网络安全法案》后，在网络安全治理方面又一重要举措。

作为一项法案，POFMA 旨在打击虚假信息的传播和维护社交媒体的可信度，最大限度阻止幕后策划者利用假消息操纵公众；同时，政府可依靠该法案阻止利用谣言传播而损害公共利益；作为处罚，谣言的制造者和传播者将面临罚款和量刑。

在新冠疫情传播期间，该法案被广泛用于打击虚假涉疫谣言，以确保公众获得准确、可靠的防疫信息。根据 2021 年 12 月 1 日《海峡时报》[①] 的统计，POFMA 法案在 2019 年生效以来已被使用了 33 次，其中有 19 次是用于纠正和澄清疫情期间的涉疫谣言。新加坡通信和信息部部长 Josephine Teo 称，迅速打击涉疫谣言有助于建立民众对疫苗的信任，更好地提高疫苗接种覆盖率。

根据《海峡时报》的相关报道，2021 年 11 月，当地作家谢杰新（Cheah Kit Sun）在社交软件 Facebook 上发表了一篇有关接种疫苗的文章，称接

[①] https://www.straitstimes.com/tech/tech-news/singapores-fake-news-law-used-33-times-to-date-including-19-times-against-covid-19[EB/OL].（2022-11-19）.

种疫苗会影响人体免疫系统，导致免疫力下降；反对党党魁吴明生（Goh Meng Seng）在社交软件 Telegram 上发表了一篇帖子，称接种疫苗可能会导致死亡，并列举了一些据信与疫苗相关的死亡案例。这些内容均被认定为"涉疫虚假信息"，随后被新加坡政府根据 POFMA 法案下令删除，并强制要求两人在社交软件中发表更正和澄清消息。

12.2 立法

从笔者的角度来看，POFMA 的立法特点如表 12-1 所示。

表 12-1　POFMA 的立法特点

立法特点	对应法条（无官方中文翻译，仅供参考）
明确针对具有"政治目的趋向"和"危害公共利益"的信息进行管控。强调保护国家安全、公共卫生、公共财政和维护国家与其他国家的友好关系等重要领域的利益	第 4 条"为'公共利益'的含义"："为了新加坡每一个部分的安全""保护公共卫生、公共财政""保护新加坡与别国友好关系""防止公众对政府部门等单位行使权力减少信心"等。 第 5 条"法案的目的"："防止虚假陈述的事实在新加坡传播""禁止资助、推广和支持此类在线传播渠道""对在线账户和自动程序的滥用进行防范""对具有政治目的的付费内容加强披露"等
在 POFMA 法案的实施过程中，政府和相关机构可快速、有效地处理和应对虚假信息，即向发出虚假陈述的人做出"更正指令"（Correction Direction），要求该行为人需要发出"更正通知"（Correction Notice），或要求相关传播方"终止传播"（Stop Communication Direction）	第 11 条"更正指令"："更正指令要求该行为人以指定的形式或方式，在具体的时间内，向指定的受众发出更正通知"等。 第 12 条"终止传播指令"："要求接收者终止传播""即使对虚假内容不知情，也可要求涉案人员终止传播"等
对更正、禁止和其他一般指令提出了更精细和细化的要求，即确保更正通知是易感知的（easily perceived）	第 11 条"更正指令"："收到更正指令的人应该将更正通知放在曾传播地方的旁边，一同展示。" 第 24 条"更正通知必须容易被感知"等："（更正）通知应显而易见，无论终端用户或观众使用何种类型的平台或设备""通知应易于阅读、收听且不容易遗漏"等

12.3　执法：更关注虚假内容的"更正"而非"删除"

POFMA 法案中明确规定，在通常情况下，不会要求传播者彻底"删除"虚假内容，而是在虚假内容的旁边额外发布链接，跳转至"真实内容"。从笔者的角度来看，以"更正"代替"删除"，比"只见标题不见文字"的大热帖和只有"谣言"标签而不见更正的简单化处理更为有效。笔者认为，其重要意义主要体现在以下三个方面：

一是维护了言论自由。POFMA 法案中重点关注"更正"而非"删除"，因为粗暴化、简单化"删除"虚假信息可能会被视为对言论自由的压制。相反，"更正"虚假信息的同时保留虚假信息的原文，不仅弱化了对言论自由的影响，也可更好地帮助公众了解事实真相，制止谣言的后续传播。

二是强调了事实的重要性。POFMA 法案的主要目的是保护公众免受虚假信息的侵害。所以，法案始终强调了事实的重要性，以便公众得以做出正确的决策。

三是鼓励了更负责任的言论。POFMA 法案中的更正机制可以鼓励人们更负责任地表达自己的言论，避免散布虚假信息。

12.4　普法：重视公众教育，更重视与教育机构的合作

在针对 POFMA 等一系列法律的普法教育中，新加坡政府采取了一系列有力措施，包括但不限于通过教育部开展的各类"媒介素养教育课程"、国家发展部开展的"社区数字素养培训"和其他部门开展的有关公众宣传活动等，有效形成了政府统筹、部门联动的"一盘棋"局面。其中，最能引起笔者关注的是，与一众教育机构开展的，以学生为主要受众的合作项目，主要包括三个，如表 12-2 所示。

表 12-2　与 POFMA 合作的教育机构及合作项目

项目名称	主管机构	主要内容
全国数字素养计划（National Digital Literacy Programme，NDLP）	教育部	NDLP 是新加坡教育部与多个本地教育机构合作的项目，旨在提供高质量的数字素养培训课程，以培养公众的数字技能和媒介素养。该项目提供了各种课程，如网上安全、社交媒体使用和数字营销等，覆盖了不同年龄和背景的学生和公众。数码学苑的课程不仅提供在线学习，还包括实体课堂授课、工作坊和活动等形式
各类数字素养培养计划	新加坡国家图书馆局（National Library Board，NLB）	NLB 与本地学校合作，开展数字素养教育计划，旨在提高学生和公众的媒介素养和信息素养。该计划提供各种课程和活动，包括电子资源使用、网络安全和信息搜索技能等，以培养学生的数字技能和媒介素养
各类数字素养课程	新加坡的职业教育机构	如 Polytechnics 和 Institute of Technical Education（ITE）也提供数字素养课程，以帮助学生和社会大众提高数字技能和媒介素养。这些课程涵盖了网络安全、社交媒体管理和数字营销等方面的技能，为学生提供了实际应用的技能和知识

与教育机构合作是 POFMA 普法教育中最重要的部分之一，其原因大致有以下几点：

一是接触受众更直接。教育机构可以直接接触到年轻一代（GEN-Z，也被称为千禧一代）。在数字时代，年轻人是互联网最重要的用户群体之一；年轻人社区也是虚假信息最重要的传播、受害重灾区。因此，教育机构将媒介素养教育和普法教育带入课堂，通过与年轻人的直接交流，帮助他们养成正确的信息获取和传播习惯。

二是教育场景更多元。教育机构可提供更多样化的教育形式和场景。除课堂教育外，教育机构还可利用线上平台、社交媒体、工作坊等多种形式和场景，让普法教育更加全面、丰富和深入，切实提高年轻人对虚假信息的识别和辨别能力。

三是教学资源更丰富。教育机构在教学资源和教学支持方面具有得天独厚的专业优势，能为普法教育提供高质量的教学和引导，保证教育质量和效果。

（本章作者：吕岸）

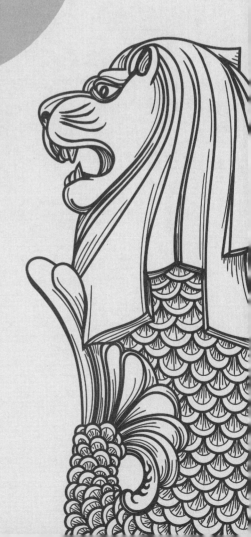

第 13 章

新加坡知识产权的发展与转型

随着全球创新系统合作日益紧密，全球知识产权保护和管理变得更加重要。新加坡的"国际化"与"中立性"两大制度优势使企业能够快速与知识产权社群建立区域和国际交流合作。通过各种双边和多边知识产权合作，使企业能够更加快速、高效地将其产品与服务推向全球市场。与此同时，新加坡积极支持并参与全球知识产权交易，并对所在区域提供知识产权咨询、促进研发及加强知识产权保护。

13.1 新加坡知识产权发展历程——国家战略性计划

新加坡知识产权战略主要分为国家型战略计划和国际合作计划两大类。国家型战略计划以 2013 年知识产权枢纽规划（IP Hub Master Plan）为起点，发展到 2017 年更新版知识产权枢纽规划，再到 2030 年的知识产权战略，这一系列的战略侧重点与选择紧密依托新加坡的四大优势。

13.1.1 新加坡知识产权局机构转型成为创新机构（IPOS is an innovation agency）

强大的知识产权制度对国家科技创新与经济发展至关重要，因为它可以实现商业化知识和创新。IPOS 作为一家重要的创新机构，其员工拥有深厚的技术专长和广泛的人脉网络，使其能够为企业提供一套创新解决方案，并巩固新加坡作为全球经济启动平台的优势。

新加坡知识产权局响应时代创新变革，通过从企业和其他法定机构借调外部人才、聘用高素质的专利审查人员（约 80% 以上具有博士学位）等方

式，将知识产权涉及的法律、商业、技术等三方面紧密结合，改变大众对于知识产权神秘且仅有极少数专业人士才能进入的刻板印象。新加坡知识产权局逐渐将触角从传统的审查职能进一步扩展到价值创新与咨询，为社会及企业提供更多有形与无形的价值。与此同时，新加坡知识产权局提出一系列国家战略与相关枢纽规划，为机构转型与适应时代变迁做出相应改革。新加坡知识产权历程如图 13-1 所示。

图 13-1　新加坡知识产权历程 [①]

13.1.2　2013 年知识产权枢纽规划（IP Hub Master Plan 2013）

新加坡推出知识产权战略，期望打造亚洲的知识产权枢纽（A Hub for IP in Asia），于 2013 年提出知识产权枢纽规划，通过有高技能的人才队伍，建立有利的生态体系促进知识产权良好发展，建立了三大发展目标[②]：知识产权交易和管理中心（IP Transaction and Management）、高质量 IP 申请中心（Quality IP Filings）、知识产权争端解决中心（IP Dispute Resolution）。

13.1.3　2017 年更新版知识产权枢纽规划（Update to the IP Hub Master Plan 2017）

新加坡在 2013 年知识产权枢纽规划基础之上，吸纳各利益相关方的建议，于 2017 年更新知识产权枢纽规划（Update to the IP Hub Master Plan），进一步聚焦知识产权商业化，通过知识产权人才培育建立有效的生态系统，完善知识产权和创新机制，弘扬创新和企业家精神。通过跨部门合作机制，为创新型企业利用无形资产提供技术与资金等多方面的综合协助。

[①]　Unlocking IP-backed financing in Singapore[EB/OL].[EB/OL].（2022-10-16）.世界知识产权组织杂志（WIPO Magazine），https://www.wipo.int/wipo_magazine/en/2021/04/article_0001.html.

[②]　知识产权枢纽规划[EB/OL].（2022-10-16）.新加坡律政部，https://www.mlaw.gov.sg/files/IP-HUB-MASTER-PLAN-REPORT-2-APR-2013.pdf.

（1）支持使用 IA / IP 促进业务增长。新加坡知识产权局国际事务机构拥有 100 多名 IA / IP 专家，他们提供整体 IA 解决方案，以满足企业将 IA 集成到其创新和业务目标中的需求；提供 IA / IP 审核和策略服务，由新加坡企业发展基金会提供支持；进行专利分析，提供技术情报，为公共机构和企业提供研究投资决策的信息。

（2）获得资金。与新交所合作的无形披露评估和审计计划（IDEAS），鼓励公司进行 IA 评估，以促进更可靠的 IA 披露，并与多家机构合作，在新加坡建立可信赖的 IA / IP 评估生态系统（与财政部合作）。2020 年 2 月，新加坡知识产权局与新加坡交易所（SGX）共同发布 IDEAS（Intangible Disclosure Evaluation and Audit Scheme）项目，从政策层面建议在新加坡上市融资的商业实体对无形资产进行估值，增进相关利益群体对无形资产价值的可信赖度，使募资更加透明①，旨在使企业能够更好地利用 IA/IP 实现增长。

（3）IA / IP 人力。与新加坡的 Skills Future 和 Workforce（与行业协会，培训提供者和工会）共同开发并启动了国家知识产权技术框架；与新加坡商业联合会合作，于 2020 年 4 月试行"精通 IP 的企业劳动力"计划（WISE），旨在帮助公司建立人力资源能力，以雇用和优化 IP 人才。

13.1.4　新加坡知识产权战略 2030（SIPS 2030）

新加坡知识产权战略 2030 描绘了新加坡知识产权未来 10 年的战略蓝图，是一项支持企业与创新群体的国家战略，以保持其作为领先的 IA/IP 中心的地位。SIPS 2030 于 2021 年 4 月启动，是一项建立在先前工作基础上的延续性计划，主要根植于 2013 年 IP 枢组总体规划和 2017 年更新的 IP 枢组总体规划，以进一步发展新加坡作为知识产权全球枢组的地位。它有助于将新加坡打造成亚洲科技、创新和企业的聚合点，以支持更广泛的科研型创新企业（RIE）目标。该战略主要明确两大关键成果目标，以枢组、商业、就业等三

---

① SGX and IPOS launch pilot programme to help companies identify and communicate intangible assets information[EB/OL].（2022−10−23）新加坡交易所网站，https://links.sgx.com/FileOpen/20200204_SGX_and_IPOS_launch_pilot_programme_for_listed_companies.ashx?App=Announcement&FileID=595216.

大工作重点为支撑①。

新加坡是开放且外向的经济体，主要依托于外商投资，因此完整的知识产权保护至关重要。从外资的角度来说，如果没有受到有效的保护，企业是不会将高精尖技术带来投资国的，因此完善且前瞻的知识产权保护制度必不可少。企业在被投资的国家申请知识产权是为了创造更高的商业与交易价值。新加坡始终坚持通过打造公开透明的平台，促进世界的知识产权交易汇聚新加坡，产生更大的市场价值。

1. SIPS 2030 包括两个关键成果目标

确保新加坡拥有一流的 IA/IP 制度，支持国内企业成长和吸引外国直接投资；保持新加坡作为 IA/IP 活动和交易的全球中心地位，让来自世界任何地方的利益相关者都可以通过新加坡的平台进入其他地区的市场。必须通过三大工作重点以支撑这两个关键成果目标，即通过新加坡的枢纽地位，进一步促进商业交易，并在过程中创造更多的工作机会并提升知识产权行业工作者的待遇。

2. 新加坡知识产权战略 2030 包含三大工作重点

一是强化新加坡作为知识产权 / 无形资产全球枢纽的地位（Hub）。为了确保世界一流的 IA/IP 制度，不断优化政策以支持技术进步，通过与相关政府单位、科技企业、工会等单位的紧密合作，制定更符合当下营商环境的相关法律法规，并通过数字化赋能创新者和创造者。同时，借助天然的地理优势，将新加坡定位为"支持东盟、连接世界"的枢纽，以实现通过新加坡使海外市场的创新保护更容易，知识产权共同体与东盟经济共同体，支援企业的东盟知识产权计划，在东盟以数字方式改善对知识产权信息和服务的对接等四方面目标。通过培训和专业发展提高知识产权争议解决能力，在国际上推广新加坡的知识产权争议解决服务，进一步增强新加坡在国际争端调解与仲裁的现有优势地位，促进在新加坡进行国际知识产权争议解决。

二是吸引和促进创新型企业利用无形资产 / 知识产权实现增长。通过增

---

① 新加坡知识产权枢纽规划 [EB/OL]．（2022—10—19）．新加坡知识产权局网站，https://www.ipos. gov.sg/manage-ip/singapore-ip-strategy-2030.

加企业获得 IA/IP 咨询和 IA/IP 相关服务的机会，与行业合作伙伴密切合作，提升 IA/IP 意识和能力，支持企业从 IA/IP 中获取和最大化价值，开发可靠且受信任的 IA/IP 估值生态系统，以可靠的 IA/IP 估值指南和实践支持 IA/IP 交易，以更好的 IA/IP 披露制度支持 IA/IP 交易。

三是发展与无形资产 / 知识产权相关的优质工作机会与高价值的技能（Jobs）。新加坡建立专业人士的培养制度与人才库具体措施：建立了无形资产与知识产权的劳动力和人才库；职前教育（PET）和继续教育（CET）；为执行人员和管理人员提供培训，提升其无形资产和知识产权方面的能力，推动企业增长。通过知识产权技能框架，将无形资产和知识产权相关的技能融入创新生态工作岗位要求中，为新加坡人创造与无形资产 / 知识产权相关的优质的工作机会。

通过建立无形资产与知识产权管理的国家标准，并推动其实施，巩固新加坡在无形资产和知识产权方面拥有出色技能的国际声誉。通过跨部门合作，为创新型企业利用无形资产提供技术与资金等多方面协助，如市场准备援助金（Market Readiness Assistance Grant，MRAG）及企业发展补助金（Enterprise Development Grant，EDG）。企业可以通过寻求相关的商业策略咨询（IP Business Clinic）与资金支持，完善其本地或是海外的创新与知识产权布局。

13.2 国际知识产权发展与新加坡扮演的角色接轨

新加坡一贯坚持开放的原则，广泛加入国际知识产权组织、东盟知识产权合作工作组、国际专利审查高速路协议、双边与多边的协议。在国际贸易相关协议中，新加坡也是《全面与进步跨太平洋伙伴关系协定》与《区域全面经济伙伴关系协定》的成员国，使得经由新加坡申请的知识产权可以快速地在全世界不同国家或地区进行布局与维权。

新加坡是全球专利审查高速路（Global Patent Prosecution Highway，GPPH）成员国之一，企业和创新者可以利用该计划加快在多个国家的专利申请，在超过 27 个参与的知识产权局网络中引用审查结果，加快创新技术获得保护的过程。

13.2.1　东盟市场与消费家庭成长情况

亚细安（The Association of Southeast Asian Nations，ASEAN）简称"东盟"，于 1967 年成立，目标在于推动 10 个成员国的发展，并通过成员国之间降低或是取消关税和壁垒作为其世界生产基地的竞争优势。

东盟人口数量超过 6.4 亿人，仅次于印度与中国两大经济体。保守估计将在 2030 年成为全球第四大经济体。麦肯锡全球研究院统计数据显示，作为消费主力的中等收入群体及以上的消费家庭数量在 2025 年将达到 1.25 亿[①]，新兴中产阶级的消费升级对创新产品将有较强的需求。

13.2.2　东盟知识产权相关的举措（AWGIPC，ASEAN IPR Action Plan）

随着经济发展与区域消费能力的增长，无形资产尤其是知识产权在该区域的重要性逐渐上升。东盟知识产权合作工作组（ASEAN Working Group on IP Cooperation，AWGIPC）于 1996 年应运而生，其主要功能为协调知识产权制度、促进知识产权合作与发展、与对话伙伴和企业界互动、专责处理区域内知识产权与创新等相关议题。AWGIPC 制定了一系列的知识产权行动计划（ASEAN IPR Action Plan），并由东盟知识产权工作小组负责推动，主要集中在协调知识产权制度、促进紧密的知识产权合作与发展、与产业协会和企业界互动等方面。

东盟各国于 2009 年 6 月启动东盟专利审查合作计划（ASEAN Patent Examination Co-operation，ASPEC），作为东盟成员国知识产权专责机构，其特点为更快捷并提高检索和审查质量，可在东盟其他成员国享受较为快速的申请程序，减少企业在东盟知识产权布局所需的时间，降低运营成本并有效保护创新成果。

---

① Southeast Asia is one of the world's fastest-growing markets—and one of the least well known., McKinsey & Company[EB/OL]. （2022-10-12）.https://www.mckinsey.com/industries/public-and-social-sector/our-insights/understanding-asean-seven-things-you-need-to-know.

ASEAN IP Portal 截至 2022 年 12 月统计数据显示①，共有 1367 件专利申请通过了东盟专利高速路，其中大部分以新加坡为第一申请国，再进入其他东盟国家，进一步巩固了新加坡作为知识产权枢纽的地位。

AWGIPC 东盟 2016—2025 知识产权行动计划（IPR 2016–2025 Action Plan）的四个主要战略目标（Four strategic goals）②为：强化东盟知识产权制度，加强知识产权局和建设知识产权基础设施在区域发展；发展区域知识产权平台和基础设施，加强东盟经济共同体；扩大和包容东盟知识产权生态系统；促进资产创造和商业化的区域机制，特别是加强地理标志和传统知识。

13.2.3　RCEP 签署对东盟知识产权发展的帮助

RCEP 在历经 8 年谈判之后，于 2020 年 11 月 15 日正式签署，包含东盟十国与中国、日本、韩国、新西兰、澳大利亚共计 15 个经济体。RCEP 的签署标志着全世界最大的自由贸易协议（Free Trade Agreement，FTA）正式启航，涵盖近 22.7 亿人口，约占全球 30%GDP（Gross Domestic Product），将逐步废除区域内多达 90% 以上的关税与壁垒。此举将进一步增强东盟国家现有的自由贸易协定网，并扩大和加深与世界尤其是亚洲的经贸关系与空间。

RCEP 知识产权章节由新加坡牵头，区域内的公司可以申请该地区非传统商标（Non-traditional Trademarks），例如声音商标和范围更广的工业设计保护。企业还可通过申请单一专利或商标指定进入多个国家，对于在RCEP 区域内进行知识产权布局将更为便捷。

RCEP 签署赋能东盟知识产权发展。RCEP 相较于 WTO 在协议与开放程度上更加开放。例如，RCEP 的知识产权、议题较 WTO 的更深入，贸易开放度 90%，较 WTO 的 85% 更高。③ 由于各成员国经济发展差距很大，决

---

①　Total no. of ASPEC requests submitte，ASEAN IP Portal[EB/OL].（2022–10–02）.https://www.aseanip.org/statistics/asean–patent–examination–cooperation–（aspec）–statistics.

②　Asean Framework Agreement on Intellectual Property Cooperation，Asean Ip[EB/OL].（2022–10–02）.https://www.aseanip.org/about.

③　任泽平.全球最大自贸区RCEP诞生：内容、影响与展望[EB/OL].（2022–10–09）.新浪财经意见领袖专栏作家，https://finance.sina.cn/zl/2020–11–18/zl–iiznezxs2508769.d.html?from=wap.

定了 RCEP 无法企及《跨太平洋伙伴关系协定》（TPP）、《全面与进步跨太平洋伙伴关系协定》（CPTPP）等协定的高标准。

13.3　结论与未来展望

新加坡知识产权的发展成就与其天时地利和完善的市场机制紧密相关：语言多样性优势（专利的中英文申请）、优良的地理位置优势（依托东盟作为广大腹地与世界的联结）、发达的金融市场（知识产权交易与融资）、健全的争端解决机制（调解与仲裁）。

新加坡知识产权发展策略如下。

13.3.1　建立知识产权发展战略

根据国家的先天自然条件与后天的现有条件，研究制定对国家创新与经济发展最有利的知识产权策略与相关扶持政策，通过强化新加坡在东盟的地位，吸引外资在新加坡中转、进入东盟其他国家，吸引经济大国将新加坡作为其投资以及金融资产管理的第一站，处理好国家整体创新能力与知识产权保护体系建设的关系。

13.3.2　创新知识产权与商业价值转化战术

通过 IP Hub Master Plan 增强创新与知识产权的连接，加强与新加坡未来经济委员会（Committee for Future Economy，CFE）的紧密联系，将知识产权的技术价值与商业价值挂钩。注重与行业相关利益方沟通联系，促进知识产权与商业化结合，将知识产权价值与公司效益相结合。

13.3.3　强化知识产权执行标准

通过建立清晰的知识产权发展指标，高效推动知识产权事业发展，其指标包含如下但不限于：东盟专利审查 ASPEC 的成长数量；参与签订专利申请高速路，双边、多边、国际协议的数量；作为东盟（ASEAN）高效、快速的知识产权审查机构，其报告受到成员国及欧美等国家认可；新加坡 IP人员的薪资提升；新加坡技术转移金额的上升。

新加坡在营商环境、人才培育、国家竞争力等方面均名列世界前茅，稳定的政治环境、优良的营商环境、完善的创新体制，在政府技术与资金支持下，必将对各国企业和个人以新加坡为翘板进入东南亚市场，乃至全球市场发挥重要作用。

（本章作者：郑猷超）

第14章

中资企业在新加坡发展情况

新加坡是一个非常重要的中资企业发展中心，吸引了许多中国企业来这里设立分支机构、投资项目和总部。一直以来，新加坡都被认为是全球最具竞争力和友好的营商环境之一。主要体现在以下方面：①政治稳定：新加坡是一个政治稳定的国家，具有可靠的政府和有效的法治体系。这种稳定性为企业提供了可预测和安全的营商环境。②开放经济和自由贸易：新加坡是一个开放的经济体，对国际贸易和投资持开放态度。它积极推动自由贸易，与多个国家和地区签署了双边和多边的贸易协定，为企业提供了更广阔的市场和机会。③低税率和简化税制：新加坡的企业税率相对较低，为企业提供了竞争优势。此外，新加坡有一个简化的税务制度，使得纳税和财务管理更加便捷和高效。④优质的基础设施：新加坡拥有世界一流的基础设施，包括现代化的港口、机场、通信网络和交通系统。这些设施提供了高效的物流和商务交流环境，为企业的运营提供了便利。⑤创新和科技支持：新加坡鼓励创新和科技发展，并提供各种支持措施和资金。政府设立了多个科研机构和创新中心，与企业合作推动科技创新和研发项目。⑥强大的人力资源：新加坡拥有高素质和多元化的劳动力，教育水平普遍较高。此外，政府致力于提供培训和技能提升机会，以满足企业不断变化的需求。⑦政府支持和便利服务：新加坡政府为企业提供广泛的支持，包括创业补助、资金担保、市场准入和行政审批的简化等。此外，政府机构如新加坡经济发展局（EDB）和新加坡贸易发展局（IE Singapore）提供咨询和指导服务，帮助企业在新加坡开展业务。

14.1　中资企业（新加坡）协会

为更好地服务中资企业，1999 年 2 月，由 11 家在新中资企业发起，中资企业（新加坡）协会正式注册成立。作为中资企业在新加坡唯一的非营利性民间社团组织，协会代表在新中资企业的共同声音和共同利益，以促进两国民间经贸交流合作、维护中资企业权益、协调中资企业会员关系、规范中资企业经营行为、展示中资企业形象为宗旨。随着中、新两国经贸关系的健康发展，中资企业（新加坡）协会的规模也在不断壮大，注册会员数量到目前已超过 800 家，涵盖贸易、金融、航运、能源、通信科技、基础设施、文化教育等不同行业领域。经过 20 多年的发展，通过广大会员企业的共同努力，协会已成为新加坡重要的外国商协会组织之一。

14.2　中资企业在新加坡的发展情况

新加坡以其理想的投资环境、活跃的金融市场及健全的法律制度吸引了众多中资企业来新发展。特别是中国政府制定了鼓励中国企业"走出去"的长期战略，而新加坡政府也提出了"搭乘中国经济发展顺风车"的经济发展构想，为中资公司在海外发展特别是在新加坡发展提供了得天独厚的有利条件。在中、新两国政府的积极推动下，中新经贸发展进入了一个崭新的纪元。来新加坡考察、设立机构，甚至上市的中资企业，包括迅速成长的民营企业的数量激增，形成从未有过的好势头。可以说，中资企业在新加坡发展的高潮已经形成。

新加坡经济发展局 2023 年 2 月发布的数据显示，新加坡在 2022 年吸引了 225 亿新加坡元固定资产投资，创历来最高，较 2021 年的 118 亿新加坡元增加 90.7%。这些数据彰显新加坡走出疫情，经济持续恢复，以及 RCEP 生效后众多企业顺势而为，将新加坡作为设立区域总部、全球总部的首选地点。而中资企业的在新发展遍布各个行业。

1. 投资和贸易

新加坡是中国企业在东南亚地区的主要投资和贸易伙伴之一。许多中国企业选择在新加坡设立分支机构或注册公司，以利用其良好的商业环境、政府支持和便利的金融服务，新加坡也是中国企业对外直接投资的重要目的地之一。

2. 金融服务

新加坡是亚洲最重要的金融中心之一，吸引了众多中国金融机构在这里设立分支机构或办事处，以提供全面的金融服务。主要有：中国银行（Bank of China）在新加坡设有分行，提供商业银行服务、贸易融资、资本市场业务和个人银行服务等。中国银行在新加坡积极参与国际贸易和投资业务，为中资企业和本地客户提供全方位的金融支持。中国工商银行（Industrial and Commercial Bank of China，ICBC）在新加坡设有分行，提供公司银行业务、融资、投资银行和资本市场服务等。ICBC 在新加坡发展积极，与本地金融机构合作，推动中、新两国的经贸往来。中国建设银行（China Construction Bank，CCB）在新加坡设有分行，提供商业银行服务、融资、投资银行和贸易融资等。CCB 在新加坡积极开展与本地金融机构和企业的合作，为客户提供多元化的金融解决方案。中国农业银行（Agricultural Bank of China，ABC）在新加坡设有分行，提供商业银行服务、融资、贸易融资和投资银行业务等。ABC 在新加坡开展业务，支持中资企业的投资和贸易活动，同时也服务本地客户。

除了上述四大国有银行，还有其他中资银行和金融机构在新加坡设有分支机构或办事处，如中国民生银行、招商银行和兴业银行等。这些机构提供各类金融服务，包括企业融资、贸易融资、资本市场业务、财富管理和个人银行服务等。此外，还有一些中资保险公司在新加坡设立分支机构，如中国人寿保险、中国平安保险和中国太平洋保险等。它们为客户提供寿险、财产险和再保险等多种保险产品和服务。

3. 创新科技

新加坡重视科技创新，鼓励创业和科技发展。许多中国科技企业在新加坡设立研发中心或创业孵化器，与本地企业和研究机构合作开展创新项目。主要有：海康威视（Hikvision），其是中国领先的安防产品和解决方案提供商，在视频监控、人工智能和物联网等领域具有强大的技术实力。海康威视在新加坡设有研发中心，致力于开发创新的安防技术和解决方案。华为

（Huawei）作为全球知名的通信技术公司，在新加坡设有研发中心和创新实验室。华为在 5G 通信、物联网、云计算和人工智能等领域进行前沿技术研究和创新，与本地企业和研究机构合作推动科技创新。中兴通讯（ZTE）是全球领先的电信设备和解决方案提供商，也在新加坡设有研发中心。中兴通讯致力于推动 5G 技术和网络发展，在新加坡参与了多个创新项目和合作。小米（Xiaomi）是一家全球知名的智能手机和消费电子公司，也在新加坡设有研发中心。小米不仅致力于智能手机和智能家居产品的研发，还积极推动人工智能和物联网技术的创新应用。中科曙光（Inspur）是中国领先的云计算和数据中心解决方案提供商，在新加坡设有研发中心和创新实验室。中科曙光致力于推动云计算、大数据和人工智能技术的发展，为客户提供高效、可靠的解决方案。

这些中资企业在新加坡的科技创新领域积极参与研发、合作和创新项目，为推动新加坡的科技发展和数字经济做出了贡献。它们与本地企业、研究机构和政府部门合作，共同打造创新生态系统，促进科技创新和产业转型。

4. 建筑设计

在新加坡，许多中国企业参与了各种建筑项目，涉及多个建筑类型和领域。中资参与的项目主要涉及以下几种类型：①商业和办公建筑：中国企业在新加坡参与了众多商业和办公建筑项目的设计、建设和开发。这些项目包括商业综合体、写字楼、购物中心和商业地产项目等。中国企业在设计、施工和投资方面发挥了重要作用。②住宅楼盘：中国企业在新加坡也参与了许多住宅楼盘的开发和建设。这些项目包括高层公寓、别墅和住宅社区等。中国企业在住宅开发方面经验丰富，为新加坡的住宅市场带来了多样化的选择。③基础设施工程：中国企业参与了新加坡的一些基础设施项目，如道路建设、桥梁和隧道工程等。这些项目涉及城市交通和基础设施改善，为新加坡的城市发展做出了贡献。④旅游和酒店项目：中国企业在新加坡的旅游和酒店行业也有一定的参与。它们参与了一些酒店、度假村和旅游项目的开发和经营，为新加坡的旅游业做出了贡献。⑤教育和研究设施：中国企业还参与了新加坡的一些教育和研究设施的建设。这些项目包括学校、大学、研究中心和实验室等，为新加坡的教育和科研领域提供了先进的设施和资源。

这些中国企业在新加坡的建筑行业中扮演着重要的角色，与本地企业和合作伙伴紧密合作，共同推动新加坡的建筑和城市发展。它们将丰富的经验和专业知识应用于新加坡的建筑项目，提供创新的解决方案，并为新加坡的建筑景观注入了多元化和国际化的元素，相关重要项目如下：

① 华侨城集团（Overseas Chinese Town Holdings Limited，OCT）。华侨城集团是中国知名的房地产开发和运营公司，在新加坡参与了多个重要项目，其中包括位于滨海湾的滨海湾金沙综合度假区（Marina Bay Sands）项目。该项目包括酒店、赌场、会议中心和购物中心等多个组成部分，成为新加坡的地标性建筑。

② 万科企业股份有限公司（Vanke）。万科是中国最大的房地产开发商之一，也在新加坡开发了多个重要项目，其中包括位于滨海湾的盛景嘉华（Suntec City），该项目是一个大型商业综合体，包括写字楼、零售空间和会议中心等。

③ 中信集团（CITIC Group）。中信集团是中国的综合性企业集团，在新加坡开发了多个项目，其中包括中信广场（CITIC Square）。这是一个位于滨海湾金融中心的商业办公楼项目。

④ 中建二局（China Construction Second Engineering Bureau）。中建二局是中国建筑工程集团有限公司的子公司，参与了新加坡地铁线路建设项目。中建二局负责新加坡地铁市中心线（Downtown Line）的建设工程，包括车站、隧道和轨道等。

⑤ 中国交建（中国交通建设股份有限公司）。中国交建是中国领先的交通基础设施建设和工程承包企业，在新加坡参与了多个基础设施项目，其中包括新加坡地铁环线（Circle Line）的建设工程和吉宝准备区综合开发项目。

这些中国企业通过参与重要的建筑和房地产项目，为新加坡的城市发展和建设做出了积极贡献。它们的专业知识和经验在项目的设计、施工和运营阶段发挥了重要作用，推动了新加坡的城市发展和经济繁荣。

5. 生物医药

新加坡作为亚洲的生物医药中心之一，拥有众多创新型和领先的生物医药企业。新加坡的知名中资医药企业有浙江华海医药集团（Zhejiang Huahai Pharmaceutical Group）、康希诺集团（Kanghong Pharmaceutical

Group）、华南制药控股（China South Pharmaceutical Holdings）、苏州康普顿生物医药（Suzhou Kintor Pharmaceuticals）等。这些中资医药企业在新加坡的存在和发展，不仅为新加坡的医药产业注入了活力，也为当地创造了就业机会。

14.3 中资企业在新加坡的投资与发展实践案例

中资企业在新加坡的投资与发展实践非常广泛，涵盖多个行业和领域。以下是在一些领域当中的案例。

1. 金融服务领域

中国银行（中国最大的商业银行之一）在新加坡设立了分支机构，提供全方位的银行服务。该分支机构为跨境贸易提供融资支持，并为中资企业在新加坡和东南亚地区的投资项目提供资金和风险管理服务。

中国平安保险集团（中国最大的保险公司之一）在新加坡设立了亚洲总部，并通过其子公司提供多元化的保险和财富管理服务。平安保险在新加坡市场发展迅速，通过并购和创新产品不断拓展业务。

2. 科技和创新领域

腾讯（中国领先的科技巨头）在新加坡设立了研发中心，致力于人工智能、区块链、云计算和金融科技等领域的创新。该研发中心与新加坡的科研机构和创业公司合作，推动科技创新和跨国合作项目。

海尔集团（中国最大的家电制造商之一）在新加坡设立了物联网创新中心，专注于智能家居和物联网技术的研发和推广。该创新中心与新加坡的科研机构和企业合作，推动智能家居解决方案在全球市场的应用。

3. 不动产和基础设施领域

融创中国（中国知名房地产开发商）在新加坡进行了多个房地产项目的投资与开发，其中包括购买位于新加坡市中心的商业地产，以及与当地合作伙伴共同开发住宅项目。

中建二局（中国建筑工程公司）参与了新加坡的基础设施建设项目，如地铁线路扩建和机场改扩建工程。中建二局通过技术优势和项目管理能力，为新加坡的城市发展做出了重要贡献。

14.4　中资企业在新加坡的发展展望

中国连续 8 年成为新加坡第一大贸易伙伴，新加坡连续 8 年成为中国第一大新增外资来源国。自 2020 年起新加坡又成为中国第一大新增对外投资目的国。中、新两国率先完成 RCEP 官方核准程序，新加坡欢迎中国加入 CPTPP 和 DEPA，两国以实际行动维护全球开放合作的发展环境。危机孕育新机，变局开启新局。当前，中国正加快构建以国内大循环为主体、国内国际双循环相互促进的新发展格局，坚定推进经济向高质量发展迈进，将为海外中资企业发展提供坚强的后盾。中新关系的持续健康发展将为中资企业在新加坡持续经营提供良好的环境。

参 考 资 料

[1] 摘自中华人民共和国商务部：《对外投资合作国别（地区）指南》[EB/OL].（2022–11–15）.

[2] 摘自新加坡中资企业协会：《2021—2022 年度发展报告》[EB/OL].（2022–11–15）.

备注：本章节主要根据新加坡经济发展局、中国商务部、新加坡中资企业协会等政府官方网站公开信息整理。

（本章作者：彭婷婷）

第15章

关于中资企业在新加坡上市问题

除了美国的纳斯达克和纽约证券交易所、中国香港证券交易所之外，新加坡交易所已成为中资企业最大规模的上市地之一。在新加坡交易所上市可以帮助中资企业拓展海外市场，增加资本市场融资的渠道，同时也为新加坡交易所带来了更多的上市公司，推动了该交易所的国际化发展。随着中资企业海外投资的不断增加，预计新加坡交易所在未来还将继续成为中资企业的重要上市地之一。

15.1 中资企业来新上市目的

中资企业来新加坡上市，是在中国国内经济体制改革，特别是资本市场不断发展的推动下实现的。新加坡作为东南亚金融和商贸中心，由于历史、血缘及语言等方面的客观有利条件，理所当然地成为中国企业选择上市的理想地点。[1]

自 2021 年 12 月 2 日美国证券交易委员会（SEC）发布《外国公司问责法》实施细则以来，中概股掀起了回归亚洲市场的热潮。在香港资本市场整体交易与投资呈现疲软状态的情况下 [2]，新加坡交易所凭借不断推出利好政策、鼓励海外企业赴新上市，成为中资企业上市的新选择。

中资企业来新上市的主要目的如下：

（1）融资。通过买壳上市或重新控股上市来筹措企业的发展资金，是企业最直接的目的，也是企业试图拓宽融资渠道的一种努力。

（2）拓展海外市场。新加坡作为东南亚金融中心之一，其股票市场具有较高的国际化程度，可以帮助中资企业拓展海外市场，吸引更多的投资者和

合作伙伴，进一步推动企业的发展。

（3）减少外汇风险。新交所允许股票以多货币交易计价，包括人民币、港元、新加坡元、美元、欧元、英镑和澳大利亚元。在海外上市可以帮助中资企业减少外汇风险，避免因汇率波动造成的损失。

（4）上市支持政策。为吸引更多公司前来新加坡上市，新加坡金融管理局推出资本市场津贴，包括上市费用资助、研究人才发展补助金、研究计划基金等。[3]

15.2　中国企业在新加坡交易所上市的基本情况

1993 年，中国光大集团通过收购新加坡交易所一家上市公司完成借壳上市，使得中远（新加坡）有限公司成为第一家在新上市的中资企业（俗称"龙筹股"）。中资企业在新交所挂牌数量自 2003 年开始迅速增加，在 2006 年突破 100 家，总市值达 260 亿新加坡元。近年来，龙筹股数量呈下降趋势。截至 2023 年 3 月，在新交所挂牌的中资企业共有 69 家（总 648 家），总市值达 410 亿新加坡元（总 8297.54 亿新加坡元）。[4]

此外，截至 2022 年 5 月 20 日，境内物业资产在新交所发行并上市的 REITs 有 10 只，涉及工业物流、购物中心、服务公寓、写字楼、综合体等类型。[5]

15.3　中资企业在新加坡交易所上市的主要方式

新加坡交易所提供了一个可信赖的平台，使企业有机会接触国际投资群体，帮助上市公司加快业务发展。

中资企业可选择在新交所主板或凯利板上市。主板适用于发展较为成熟的企业，需满足最低利润和 / 或市值水平的要求（如上一财年利润不低于 3000 万新加坡元等）；凯利板适合处于快速成长阶段的企业，暂无量化门槛。最新的上市要求可在新加坡交易所官网"上市"板块具体查询。

目前，中资企业在新加坡交易所上市的主要方式包括直接上市框架、借壳上市、特殊目的收购公司（SPAC）上市、新交所第二上市和房地产投资信托（REIT）上市。

1. 直接上市框架

2013 年 12 月，中国证监会与新交所签订了内地注册中国企业赴新加坡直接上市框架（DLF）。在直接上市框架应用之前，中国企业赴新上市主要采取"红筹模式"[6]，该模式很难促成国有企业在海外上市，而且项目周期长、成本偏高。

当前，在中国注册成立的公司可依据两国间的直接上市框架寻求在新加坡交易所主板直接上市，简便快捷，主要流程如图 15-1 所示。

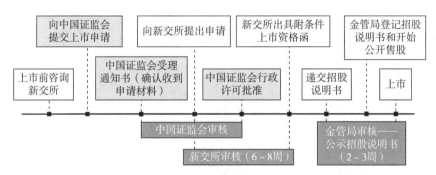

图 15-1　于新加坡交易所主板直接上市流程

资料来源：新加坡交易所官网。

2. 借壳上市

借壳上市是指一家未上市的企业通过与一家已经上市的公司合并（反向收购），利用后者的上市资格快速实现上市的一种方式。这种方式也称为"借壳"。"壳公司"通常是指已经上市但没有实际经营业务或业务规模很小的公司。相对于传统 IPO，借壳上市可以更快地获得上市资格，减少时间和成本。

中国光大水务（U9E.SG）是反向收购市值较大的案例。2014 年，光大国际（00257.HK）旗下光大水务投资注入在新加坡上市的汉科环境科技（于 2004 年 2 月在新交所主板上市）58.11 亿元，折让 41%，获取了"壳公司"79.21% 的股份[7]。

3. 特殊目的收购公司（SPAC）上市

新加坡交易所于 2021 年 9 月 2 日公布了特殊目的收购公司（SPAC）主板上市框架。自此，新交所成为继韩国交易所和马来西亚股票交易所后，

亚洲第三个引入 SPAC 机制的证券市场。港交所紧随其后，目前也已开展 SPAC 业务。

特殊目的收购公司（Special Purpose Acquisition Company，SPAC）是一种先由发起人设立主体并面向公众投资者 IPO，上市后再对未上市实体企业进行并购、整合的资本运作方式。典型的 SPAC 结构如图 15-2 所示。

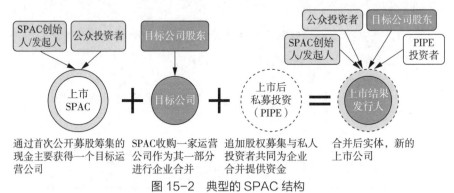

图 15-2　典型的 SPAC 结构

资料来源：新加坡交易所官网。

SPAC 流程较传统 IPO 有很大区别，如图 15-3 所示。SPAC 上市时间更快，一般可在 60 天到 90 天完成，而传统 IPO 的上市时间通常在半年到一年。

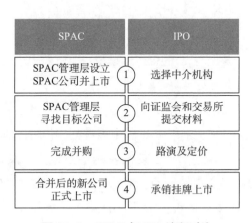

图 15-3　SPAC 与 IPO 流程对比

新加坡交易所的 SPAC 框架主要涵盖以下几个要点和要求[8]：

（1）上市前。最低市值为 1.5 亿新加坡元；IPO 最低发行价格为每单位 5 新加坡元；至少 300 名公众股东，且至少持有已发行股份（不包括库存股份）总数的 25%；根据 SPAC 的市值规模，发起人必须在 SPAC 上市时认购不低于 2.5%~3.5% 的股份。

（2）上市后。至少 90% 的上市融资收益存入托管账户（由经批准的独立代理人运营）；必须在上市后的 24 个月内完成并购交易，如果符合规定条件，期限最多可延长 12 个月；股东就拟议业务合并享有表决权、赎回权和清盘权；在业务合并时，并购标的的公允市场价值需至少占托管资金的 80%；发起人在 SPAC 上市时持有的提振激励股份（发起人有权以名义对价或零对价获得的额外股份）不得超过已发行股份的 20%；在 SPAC 上市到并购交易后 6 个月内，发起人不得收回出资。在 SPAC 上市到并购交易后 6 个月内，发起人股份处于锁股期；符合相关要求的发起人则就所持股份的 50% 履行最多 6 个月的锁股期。

4. 新交所第二上市

2022 年 5 月 20 日，蔚来以介绍上市方式在新加坡交易所主板第二上市[9]。发行不涉及新股发行及资金募集。公司的 A 类普通股在新交所上市交易，以美元报价和交易。此前，蔚来于 2018 年 9 月和 2022 年 3 月先后在纽交所和港交所完成 IPO 及第二上市。至此，蔚来汽车成为首个同时在纽约、中国香港、新加坡上市的中国企业。

新加坡交易所规定，在任何 22 个发达的司法管辖地区交易所主板第一上市的公司，将不必遵守额外的持续上市责任，以节省合规成本。尤其针对已在美国上市的公司，新交所二次上市审核流程可缩短至 4~6 周，新交所所需的二次上市文件，将基于发行人在美国上市所含信息及随后向美国证券交易委员会和 / 或第一上市地交易所提交的文件，以及新加坡招股书披露要求的所需信息。

在新交所第二上市，一是可以通过分散上市以分散融资风险，开发不同的市场。二是有助于提高市场知名度，使得投资者关注度更高。除此之外，多市场交易（尤其针对已在美国上市的股票）更利于对比价格，可延长交易时间。

5. 房地产投资信托（REIT）上市

新加坡交易所是国际认可的 REITs 枢纽，拥有泛亚洲资产的 REITs（包括新加坡、中国大陆、中国香港、日本、韩国等地区）。新加坡交易所

REITs 产品产业分布多元，包括工业类、酒店类、零售类、办公楼类等。

新加坡的 REITs 市场因其税负低、融资成本低、投资者接受度高、流动性高等特点，逐渐成为吸引中国企业的重要资本市场之一。中国企业（作为发起人）前往新加坡发行 REITs 架构[10] 如图 15-4 所示。

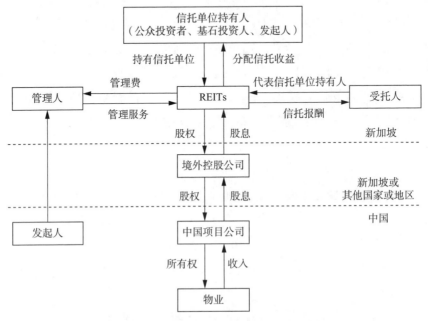

图 15-4　中国企业于新加坡发行 REITs 架构
资料来源：君合律师事务所。

1993—2023 年，中资企业在新加坡上市的 30 年间，两国互促互进，上市方式推陈出新，不断适应时代的变化和市场的需求，帮助上市公司与时俱进、加快发展。（备注：本章以解植春于 2002 年发表在《当代亚太》第 3 期的《关于中资企业在新加坡上市的问题》为基础撰写。）

参 考 资 料

[1] 解植春. 关于中资企业在新加坡上市的问题 [J]. 当代亚太，2022（3）.

[2] 金杜律师事务所 [EB/OL].（2022-10-17）.https://www.kwm.com/cn/zh/home.

html.

[3] 新加坡金融管理局 [EB/OL].（2022–10–21）.https://www.mas.gov.sg.

[4] 新加坡交易所 [EB/OL].（2022–10–21）.Market Statistics Report_March 2023.

[5] 中国国际贸易促进委员会 . 企业对外投资国别（地区）营商环境指南——新加坡（2022 年）.

[6] "红筹模式"释义：境内公司将境内资产以换股等形式转移至在境外注册的离岸公司，而后通过境外离岸公司持有境内资产或股权，随后以该离岸公司名义在新交所上市 .

[7] 腾讯财经 . 光大国际旗下光大水务借壳新加坡上市 .2014–06–03.

[8] 新加坡交易所 [EB/OL].（2022–10–23）.https://www.sgx.com.

[9] 新加坡交易所 [EB/OL].（2022–10–23）.https://www.sgx.com/zh-hans/listing-ceremony/nio.

[10] 君合律师事务所 [EB/OL].（2022–10–23）.http://www.junhe.com/law-reviews/1043.

（本章作者：解植春　马莹莹）

第 16 章

新加坡城市发展的隐忧
——"人口结构失衡"

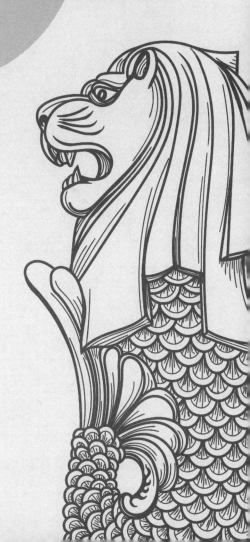

人口是一个国家和城市发展的基石。长期以来，美国、新加坡等国家都依靠积极的移民政策，优化自身的人口结构、促进发展。近年来，中国大陆多个一线中心城市不断降低落户标准，开启抢人才、抢人大战。新加坡作为一个城市国家，几十年来依靠独特且实用的人力资源政策，取得了伟大的发展成就。但支撑着新加坡发展活力的人口人才就业结构现状，在未来也深存隐忧。

根据新加坡国家人口及人才署公布的数据，新加坡人口总数 564 万人（2022 年数据）。近年的人口总数变化情况，2018 年、2019 年、2020 年、2021 年、2022 年，新加坡人口总数分别为 564 万人、570 万人、569 万人、545 万人、564 万人。年龄构成情况，0~14 岁人口占比 12.4%，进入超少子化社会（一个国家 / 地区 0~14 岁人口占比在 15% 以下为超少子化）；15~64 岁人口占比 73.3%；65 岁及以上人口占比 14.3%，进入老龄化社会（一个国家 / 地区 65 岁及以上人口占比 7% 以上为老龄化社会）。身份类别构成情况，根据《2020 人口简报》数据 [1]，新加坡总人口 569 万，其中公民为 352 万人、占比约 62%，非居民（各类准证持有者）约 164 万人、占比约 28.8%，永久居民 52 万人、占比约 9.2%。

根据世界银行 [2] 数据，新加坡人口情况呈三个特点：根据人口总数来看，人口增长滞缓；从年龄构成来看，呈现少子化、老龄化；按照身份构成来看，劳动力依赖外来人口。

---

① 新加坡国家人口及人才署：《2020 人口简报》。
② 世界银行：《新加坡历年人口数据》。

2012—2021 年新加坡人口数据如表 16-1 所示。

表 16-1　2012—2021 年新加坡人口数据

年份	人口/人	占世界比重/%	儿童/%	老年人/%	男性/%	女性/%
2021	5453570	0.0696	12.41	14.27	52.34	47.66
2020	5685810	0.0733	12.3	13.35	52.34	47.66
2019	5703570	0.0743	12.33	12.39	52.34	47.66
2018	5638680	0.0743	12.28	11.46	52.34	47.66
2017	5612250	0.0747	12.21	10.58	52.34	47.66
2016	5607280	0.0755	12.29	9.77	52.33	47.67
2015	5535000	0.0754	12.63	9.05	52.33	47.67
2014	5469720	0.0754	12.91	8.72	52.34	47.66
2013	5399160	0.0753	13.23	8.4	52.35	47.65
2012	5312440	0.0750	13.51	8.04	52.34	47.66

注：儿童指的是 14 岁及以下，老年人指的是 65 岁及以上。

资料来源：世界银行、IMF。

在新加坡人口结构现状的基础上，新加坡社会分工结构也被明显地分为三个层面。由外来劳工构成的下层社会，以远低于新加坡劳动市场标准的薪资提供劳动力服务，主要在建筑、物流、服务业等低端劳动力市场。由本地人构成中层社会，在政府提供的以廉价组屋住房为基础的社会福利保障下，可以不用很努力，也不至于下降到社会底层，可以体面地生活。由在国有单位、私人企业中从事行政、文员、教师、科研、销售、管理等不太辛苦但收入在平均收入水平以上的人构成中高级劳动力市场，其中也有部分企业主、商贩等。由少数大企业主、政府与企业管理层精英和跨国公司驻新人员等构成的上层社会，掌握着社会和经济运转的核心。总体构成了以外来劳动力为塔基、以本地中层为塔腰、以本地精英和国际化高端人才为塔尖的社会结构，这样的社会结构在现阶段虽给予了新加坡发展很大的助力，但是本地人不需要辛苦奋斗也不怕跌落底层社会，即使奋力拼搏也难以与本地世族精英和国际人才竞争的状况，将会导致本地的年轻人逐渐失去奋发拼搏创新的斗志，也不利于他们培养吃苦耐劳的精神。

　　总体来说，新加坡年轻人呈现出如下特点：社会创造参与感不足，新加坡本地人生活条件好，但幸福感差，这是由没有艰辛付出，也没有深度参与社会核心价值创造导致的；技能提升与竞争意识不足，近期大量中资企业在新加坡遇到用人难问题，相对复合型人才的中国大陆年轻白领、国际一线公司人才的国际视野，新加坡本地白领相对技能单一、缺少创新意识。盲目的自我意识觉醒让新加坡新一代对精英体制的抵制势头不断加强，对这种现象，李光耀先生在世时期已经凸显，他也颇为无奈。这种民意的背后也许是缺少阶层下降的危机，鲜有阶层上升的通道造成的。

　　新加坡现有的社会结构如果继续固化，那么社会将失去活力，新加坡的竞争力也将遭受巨大考验。而真正的危机是：在一个进行民主选举的国家，掌握选票的人没有参与到社会底层的劳动，也没有参与价值创造和拥有财富。他们虽然享受现有体制的福利，但长期的疏离感会使得他们对现有体制产生强烈的反感。新加坡的城市发展，从长期规划来看，解决本地人口"夹心层"，破解现有人力资源结构固化，激活本地人奋斗与创新活力，是一个核心问题。如果这个问题得不到解决，那么30年后，新加坡将难持续现有的活力。

　　从社会整体来看，人口增长滞缓，呈现少子化、老龄化是众多国家面临的严峻问题，但新加坡多了劳动力严重依赖外来人口的因素，使得解决人口结构性问题变得更加复杂。从社会的主要劳动力结构来看，新加坡的年轻人问题比其他国家更为复杂，依然是因为新加坡多了劳动力严重依赖外来人口的因素。新加坡现在的人力资源政策处于当下高效的实用主义阶段，不具备长期战略的调整空间与弹性，如果要以长远目标进行调整，势必对当下的人口结构与劳动力市场、社会福利等造成冲击。但是，如果没有长远的计划，未来将陷入艰难的境地。

　　基于对新加坡人口现状中关于人口增长滞缓、呈现少子化老龄化、劳动力依赖外来人口等特点，根据新加坡社会分工结构三个层面的分析，就新加坡现有的社会结构持续固化将丧失活力的隐忧，提出了如下政策建议：

　　第一，多元化、多途径提高公民数量占比至70%。

　　新加坡公民的门槛不能唯钱、唯才、唯学历论。一味地提高新移民的门槛，虽然为新加坡带来了巨大的移民财富红利和移民人才红利，对促进新加

坡经济发展有一定的帮助，但是，同样也拉大了新加坡居民平均消费水平和普通公民与社会精英的对比差距，相对地降低了普通公民的幸福感。

可以尝试多渠道并依照不同的标准吸引新移民，适当引入社会必需的、技能较好的，可在新加坡服务年限较长的劳动者，如厨师、理发师、建筑工人、清洁工、司机等。在新加坡工作和纳税 10 年、20 年，甚至更久的相对优秀的劳动者，可以给予一定比例的永居名额和公民名额。这样不仅提升新加坡对外国劳动者的吸引力，同时也为公民社会注入新的活力，降低了公民的最低生活标准参照，增加公民间的对比维度。新的公民可以通过努力争取更好的岗位，给社会就业增加竞争活力。新的公民生活水平起点低，进取心和竞争意愿更强，这样的做法具有一定的鲇鱼效应。通过这样的方式使公民的占比逐渐提升到 70%。在一个稳定的社会中，拥有同样机会的底层公民，往往更感恩和拥戴政府，因为他们的相对劳动回报率与生活水平增长速度更快。

第二，鼓励创新创业，拓宽阶级流动渠道。

新加坡的年轻人反对精英制的根本原因是大部分人难以成为精英。个人的成长往往受到成长环境极大的限制，个人的创新能力受父母教育水平、家庭收入、学校环境，以及社会鼓励创新机制等因素的影响。新加坡的精英式教育理念和社会管理理念，使得大多数人在少年时期就失去了竞争机会。相对而言，中国社会虽然高度竞争、教育同质化严重、呈现内卷化，但是近年来年青一代在高度竞争环境下，创新意识不断增强。不仅诞生了美团、拼多多这样创新式的商业模式，同时也产生宁德时代等新能源巨头，在生物医药、人工智能等先进科技领域涌现出了许多年轻的科学家。就创新环境来说，中国比新加坡、日本、韩国等国拥有更好的土壤。年轻人可以利用科技创新、商业模式创新颠覆原有的行业寡头。但是，同样的事，在新加坡、日本、韩国等亚洲国家几乎不可能。在新加坡，政府如何鼓励创新、投资创新，是一个重大的课题。淡马锡拥有巨额资金投资在全世界，如果能投资孵化出一批属于新加坡的"独角兽"型创新企业，那么这将对新加坡的创新和奋斗意识产生巨大的助推。

第三，培育文化产业发展，建立自有文化体系。

常说新加坡和中国香港是文化沙漠，但是从事实来看，真正的文化沙漠只有新加坡。中国香港的文学、影视、音乐产业蓬勃发展了 30 年，风靡东亚、东南亚。至今，东南亚各地常听的流行歌曲大多数是中国香港 20 世纪 90 年代的歌曲。新加坡人口以华人居多，占总人口的 74%，却以新加坡华族自居，适用的是英国法系与行政管理系统，在美国贸易体系庇护下发展壮大。新加坡人既没有对华人的归属感，也没有对欧美西方文化的归属感，只有经过多年艰苦奋斗后生活富足的优越感。既没有继承中国传统文化，也没有学会西方文化。新加坡年轻一代缺少老一代吃苦耐劳的品质，也缺少西方社会创新的意识。与此同时，物质生活丰富、文化生活匮乏、缺少精神追求，各种宗教的衍生派系林立，社会信仰构成混乱。

通过建立和发展自有的文化作品、产品、体系，对新加坡历史和现代发展奋斗的事件进行挖掘、传播、沉淀，形成新加坡自有文化与精神，用以传承新加坡老一代艰苦创业的精神，强化新加坡发展中期砥砺创新的意识，培育新加坡新一代创新竞争能力，提高新加坡社会的竞争与团结意识。文化是民族之魂，通过文化建设优化新加坡人口结构现状，缓解人口结构隐忧，是必要的措施。

人口作为城市发展最基础的要素，人口结构的问题往往是不可逆的。新加坡作为城市国家，所取得的发展成就举世瞩目，亚洲国家争相学习。但世界是变化的，新加坡的相对优势与周围的环境在发生着变化，周围国家的相对优势也在发生着变化，在全球化不可逆趋势下，严重依赖国际贸易的新加坡可能面临更大的挑战。作为新加坡政策的学习者与推崇者，真心地祝愿新加坡这个华人国家能长久地繁荣昌盛下去。

（本章作者：张昆峰）

第 17 章

吃喝玩乐在狮城

17.1　新加坡旅游概述

新加坡是一个多元文化的国家，有其独特的文化和历史。在这里，可以参观博物馆、庙宇、教堂，了解当地的历史和文化。新加坡也是一个高度发达的城市，其建筑和城市规划世界闻名。在城市中，可以参观具有现代设计的摩天大楼、豪华购物中心、花园和公园。新加坡被称为美食天堂，不仅包括中国、马来西亚、印度和欧洲等国菜肴，还有一些融合了多种文化特色的创新美食，是一个必去的美食之旅目的地。新加坡更是一个购物休闲天堂，有各种高档购物商场、夜市和街头商店，可以在这里选购到心仪的时尚品牌、电子产品、珠宝、手工艺品和当地特色商品，还可以参加各种娱乐活动，包括音乐会、展览、演出、运动和夜生活等。新加坡在塑造国际化都市形象感的同时，更让游客可在此一站式地体验到亚洲文化的魅力。

新加坡属于热带海洋性气候，一年四季都受赤道低压带的控制，属于赤道多雨气候。全年平均温差与日温差较小，平均气温在23℃~35℃。其中，12月是一年中最冷的月份，平均气温约为23℃~24℃，6月到9月相对干燥。新加坡的降雨充足，年均降雨量为2400毫米左右。受潮湿的季风影响，每年11月至次年2月是雨季，相对湿度介于65%~90%。新加坡的干季一般为3月至10月，其中7月至9月是最干燥的季节，也是旅游的旺季。在这个时候，气温适宜，降雨较少，风景优美，各种活动和节庆也比较多。因此，如果打算去新加坡旅游，建议选择3月至10月前往，特别是7月至9月的旺季。

新加坡室外温度较高，但室内空调温度常年保持在18℃~22℃，游客经常感受到"冰火两重天"的考验，这背后不仅有历史习惯，还有精明的管理

学考虑。如若来新加坡旅行，建议随身带一件薄外套。

17.2　赴新加坡旅游的必要准备

赴新加坡旅游前，需要做一些必要的准备，以确保完成愉快、安全、顺利的旅途。

（1）护照和签证：持有有效护照和签证才能进入新加坡。除通过旅行中介帮助申请入境新签证外，还可以通过新加坡移民局（Immigration & Checkpoints Authority，ICA）官方网站在线提交签证申请。一般来说，新加坡签证审批需要 3~5 个工作日，但在繁忙的旅游季节可能需要更长时间。需要注意的是，不同的旅行目的和逗留期限，需要不同类型的签证。在申请前，请明确所需要的签证类型和所需文件。同时，确保护照有至少 6 个月的有效期，且具有至少两个空白页。

（2）行程安排：提前规划好大致旅游行程，包括景点选择、交通工具、住宿等，留出足够入境、离境时间，避免出现误点、浪费时间等情况。

（3）金融准备：新加坡使用新加坡元（SGD），需要提前在国内进行相应的货币兑换，食阁或街边店铺部分只收取现金。需要注意的是，根据新加坡法律，入境新加坡时携带现金的金额不得超过 20000 新加坡元或等值外币；如果携带的现金超过这个限额，就需要在抵达新加坡时向海关申报。商场、饭店可使用银联、VISA、万事达信用卡。

值得一提的是，新加坡不鼓励支付小费。除了食阁（Food Court）外，大部分餐厅、酒店会收取点餐金额 10% 的服务费和 8% 的消费税（Goods and Services Tax，账单显示为 GST）[①]。

（4）保险购买：购买旅游保险可以在旅途中遇到突发状况时得到保障，如意外事故、丢失行李、紧急医疗等。

（5）电器适配器：新加坡使用的电压为 220V，插头为英式三插，如果

---

① 新加坡对在国内出售的商品、服务及进口产品征收消费税。在其他国家或地区，GST 被称为增值税或 VAT。新加坡政府自 2023 年 1 月 1 日起，消费税的税率从 7% 上调至 8%，并计划于 2024 年 1 月 1 日，再提升至 9%。

自己的电器不符合标准，就需要购买电源转换器。

（6）网络连接：可提前在国内开通国际漫游服务，或在落地新加坡后购买当地的 SIM 卡。无论选择哪种方式，都需要提前了解费用和服务范围，并在出发前测试手机和数据连接是否正常，确保自己和家人朋友正常联络。

（7）其他注意事项：例如，新加坡的气候炎热潮湿，需要注意防晒、携带雨具等；在公共场合需要注意礼仪和行为规范等，如行人在路上要靠左边行走。这是公序良俗，也是新加坡行为准则所规定的，正如新加坡道路安全规则要求在公路上行驶的汽车靠左边车道行驶一样。

17.3　新加坡城市交通概述

新加坡的城市交通非常便利，覆盖面广，包括地铁、公交车、出租车、自行车等多种交通方式，为游客提供多种出行选择。

地铁是新加坡公共交通系统中最重要的枢纽，承载了各主要区域间乘客的出行需求，是新加坡最为主要的交通方式之一，由新加坡地铁有限公司（SMRT）和新捷运（SBS）经营。地铁覆盖了岛上大部分地区，包括市中心、商业区、住宅区等，线路总长达 200 多公里。每个地铁车站内设有服务窗口售卖预付费交通卡（EZ-Link 卡或 NETS FlashPay 卡），可用于支付地铁、公交车费用。

公交车也是新加坡的主要交通方式，覆盖范围广，车次频繁，运营时间长。公交车线路多达 300 多条，途经各个区域，车费便宜。与地铁类似，公交车可用预付费交通卡或现金支付车费。地铁和公交车运营范围覆盖了整个城市和周边地区，方便游客前往各个景点和商业区，车厢干净整洁，提供舒适的乘坐体验。若时间充足，地铁和公交车是游客在新加坡出行的理想选择，价格合理，方便快捷。

出租车是新加坡的另一种主要交通方式，除约定租车服务外，司机会严格遵守使用计价器计费。出租车在新加坡普及率很高，非常容易找到。Grab 和 Gojek 是新加坡两种主流的网约车工具，它们提供多种类型的车辆，包括普通轿车、豪华轿车和面包车等，支付方式方便快捷。

此外，新加坡还有自行车租赁服务，游客可以在一些景点租用自行车游

览。需要注意的是，新加坡的交通规则非常严格，建议游客遵守相关规定，如骑车必须佩戴头盔、不能行驶在人行道上等，避免违规行为导致罚款。

17.4　必玩景点

无论是喜爱大自然、文化活动，还是刺激冒险或者娱乐派对，新加坡都能为游客提供。

17.4.1　自然风景和野生生态

尽管到处都是高耸入云的摩天大楼和繁华的城市景观，但新加坡以花园里的城市闻名，其自然景观与现代规划和未来感十足的建筑无缝融合。新加坡拥有众多自然景观，包括美丽的公园、静谧的海岛保护区，以及葱郁的红树林。漫步在新加坡的野外，游客可以尽情探索狮城的自然环境。

17.4.1.1　新加坡植物园（Singapore Botanic Gardens）

新加坡植物园是最受欢迎的绿植空间之一，被列入联合国教科文组织世界遗产名录，是自然爱好者的花卉仙境。这片 60 英亩的清新绿植空间始建于 1859 年，备受本地家庭、自然爱好者和跑步者的喜爱。在天鹅湖（Swan Lake）旁的亭子里休闲放松的同时可以观赏天鹅和水龟，在日晷花园（Sundial Garden）翠玉般的绿色池塘边休憩，或在国家胡姬花园（National Orchid Gardens）欣赏 6 万株胡姬花。若运气够好，还可在邵氏基金音乐台（Shaw Symphony Stage）观赏一场现场音乐表演，新加坡交响乐团（Singapore Symphony Orchestra）有时会在此表演。

新加坡植物园地址：1 Cluny Road，Singapore 259569。

开放时间：5:00 至 24:00。

17.4.1.2　中央集水地带自然保护区（Central Catchment Nature Reserve）

中央集水地带自然保护区位于新加坡中心区域，占地 2000 公顷，种满了茂密树木，还有 20 公里长的小径和木板道网络，蜿蜒穿过茂密绿植。在这片壮阔的绿植空间内，各种动物在此安家，若运气不错，还能看到小型鼠鹿、大眼懒猴，甚至是稀有的叶猴。

麦里芝树冠步道（Macritchie Treeptop Walk）是这里颇受欢迎的主要景点之一，这座高耸的吊桥可欣赏森林树冠壮美的全景景观。这座长 250 米的吊桥连接 Bukit Pierce 和 Bukit Kalang 山脉，漫步其上可以感受清风吹拂秀发，温暖阳光照在脸上的美妙感觉。若对观察鸟类活动比较痴迷，可爬上日落桐塔（Jelutong Tower）的最顶端，在这座七层楼高的观景台上将森林树冠美景尽收眼底、一览无余。

麦里芝树冠步道地址：TreeTop Walk 601 Island Club Road，Singapore 578775。

开放时间：周二至周五的 9:00 至 17:00；星期六和星期天的 8:30 至 17:00。

17.4.1.3　双溪布洛湿地保留区（Sungei Buloh Wetland Reserve）

这片广阔的红树林是座充满神奇生物的生态仙境，也是动物爱好者的必去之地。新加坡的首座亚细安公园遗产（ASEAN Heritage Park），是弹涂鱼、螃蟹和贝类，以及水獭，甚至鳄鱼的栖息地。将相机或望远镜对准树梢，可能会惊喜地发现有鸟类出没。双溪布洛湿地保留区也是蒙古鸽和亚洲半蹼鹬等稀有迁徙候鸟的停留之地。

双溪布洛湿地保留区地址：301 Neo Tiew Crescent，Singapore 718925。

开放时间：7:00 至 19:00。

17.4.2　文化景区

新加坡最吸引人的特色在于和谐交融的多元文化，这些文化交织在一起，形成了一幅五彩缤纷的文化景观。

17.4.2.1　历史原貌

（1）土生文化馆（Peranakan Museum）。几百年前，来自中国、东南亚的外国商人与当地妇女结婚并生下子嗣，这些后代组成了新加坡的本土社群。文化馆内展示了土生华人在新加坡的生活和文化，从传统服装、食品、居住环境到他们的社交活动和宗教信仰，以及随着时代发展的演进轨迹。人们熟知的"峇峇 Baba"和"娘惹 Nonya"，就是土生华人文化的典型代表。

土生文化馆坐落在具有百年历史的道南小学内，这是海峡殖民时期创立的第一所现代化福建学校。走进校舍内，可以看到海峡殖民时期大洋房的建

筑格局，现在该校舍已被列为新加坡国家古迹。

土生文化馆地址：39 Armenian Street，Singapore 179941。

开放时间：9:00 至 21:00。

（2）牛车水原貌馆（Chinatown Heritage Centre）。牛车水原貌馆像是一台时光机，储存着新加坡过去的记忆与故事。在馆内，人们可以随着时光倒流，回到新加坡开埠初期，全面了解早期来到新加坡落地生根的商人、苦力和移民当年的艰苦生活，以及早期牛车水作为新加坡繁华地带的面貌。从生活在"八平方英尺"的简陋房间，到承载着各种早期移民的情爱、奋斗和战胜外来侵略者等故事的物品，人们可以追溯这些早期移民从中国南下到这里讨生活的"辛路历程"。小朋友们还可以参加馆内举办的各种工作坊活动，聆听讲解、参加讲座、学习如何制作传统的华人年糕、手工艺品等。

牛车水原貌馆地址：48 Pagoda Street，Singapore 059207。

开放时间：周二至周日的 8:00 至 17:00。

17.4.2.2　宗教场所

新加坡现存的教堂、清真寺、犹太教堂和寺庙大多为早期移民所建，为现代化的城市风貌增添了丰富的色彩和建筑形式。在这些宗教场所内，除了能欣赏到本土、复古和现代等多种建筑风格外，同时也可以深入了解其中蕴含的历史和文化。

（1）天福宫（Thian Hock Keng Temple）。天福宫建于 1839 年，专门供奉海神妈祖，是新加坡现存历史最悠久的华人寺庙。早期的华人历经艰难险阻，跨越中国南海抵达新加坡，遂到天福宫感谢妈祖保佑，拜谢神恩。现在这里供奉着众多的神明，其中最为著名的是财神爷，传统佳节到来之际，许多人会前来祈求好运和财富。天福宫在建造时未用到一颗钉子，建筑风格亦充满了中国传统的艺术和文化元素，包括雕刻精美的门楼、华丽的屋顶装饰和细致的壁画，现已被列为新加坡国家古迹。

天福宫地址：158 Telok Ayer Street，Singapore 068613。

开放时间：7:00 至 20:00。

（2）詹美清真寺（Masjid Jamae），又称丘利亚清真寺（Masjid Chulia），建于 1826 年，是新加坡最古老的清真寺之一。詹美清真寺最初是由马来穆斯林建造的，但在 19 世纪后期，吸引了来自南印度的信徒。因此，今天的清真寺建筑融合了马来和南印度的建筑风格，体现了新加坡多元文化的特点。清真寺内装饰精美，特别是其精美的拱形天花板和华丽的石膏花饰。祈祷厅可容纳 2000 名信徒。自建成之日起，詹美清真寺一直是新加坡著名地标，与其他同时期的建筑不同，虽经多次维修和粉刷，但从未重建，是您观赏新加坡早期建筑的理想场所。

詹美清真寺地址：218 South Bridge Road，Singapore 058767。

开放时间：周一至周日（周五除外）的 9:30 至 12:00，14:00 至 16:00；周五的 14:30 至 16:00。

（3）苏丹清真寺（Sultan Mosque）。苏丹清真寺建于 1824 年，由新加坡第一任苏丹贾法尔·谢里夫·阿里（Sultan Hussein Shah）修建。新加坡开埠者史丹福莱佛士爵士当年出资 3000 元兴建了一个具有双结构屋顶的单层建筑，这座寺庙在 1989—1993 年进行了大规模的翻新和扩建，使其成为一座现代化的寺庙，现拥有新加坡最大的圆顶。苏丹清真寺是一座典型的马来式建筑，以白色和淡蓝色为主色调，建筑风格典雅简洁；寺庙内部装饰华丽，拥有华丽的吊灯和彩色玻璃窗。苏丹清真寺是穆斯林社区的重要活动场所，每年的宗教节日和重要活动都会在这里举行，吸引了来自世界各地的信徒和游客前来参观和参加活动。斋月期间，游客可以在寺庙旁边的夜市和许多小吃摊品尝特色美食。（特别提示：清真寺内导览员可提供中文讲解服务。）

苏丹清真寺地址：3 Muscat Street，Singapore 198833。

开放时间：周一至周日（周五除外）的 9:30 至 12:00，14:00 至 16:00；周五的 14:30 至 16:00。

（4）圣诺犹太教堂（Chesed-el Synagogue）。该教堂建于 1878 年，是新加坡最古老的犹太教堂之一，也是东南亚地区历史最悠久的犹太教堂之一。教堂建筑为帕拉第奥风格，结合了中东和欧洲的元素，有古希腊和古罗马的建筑特色。教堂的正面有一座大型拱门，拱门上方是一座装饰华丽的圆顶。教堂内部装饰精美，陈列着许多犹太人的历史文物。

圣诺犹太教堂地址：2 Oxley Rise，Singapore 238693。

开放时间：9:30 至 12:00，14:00 至 17:30。

17.4.2.3 特色建筑

新加坡的建筑美学呈现出新旧融合的奇妙魅力，传统的中式店屋和殖民时期的建筑楼阁与现代化的摩天大楼交相辉映、和谐共存。

（1）滨海湾花园（Gardens by the Bay）。这座公园占地101公顷，由三个主要园区组成：湖畔花园、云雾林和超级树林。公园内有许多精美的植物和花卉展览，还有人造的超级树林和穹顶花园，是一处现代化的充满科技感的景点。花穹（Flower Dome）和云雾林（Cloud Forest）是矗立在滨海湾花园内的两大冷室，2015年被吉尼斯世界纪录列为全球最大的玻璃生态区。室内采用先进的高效节能科技，复制了美国加利福尼亚州和南非的干冷气候，种植了32000多株植物。

室外是一片别具一格的擎天大树，这是由18座25~50米高的人造树组成的垂直花园，不仅可以收集雨水，产生太阳能，还是花穹和云雾林的通风管道。若想观赏壮阔景观，还可体验128米长的华侨银行空中走道（OCBC Skyway），漫步在两棵高耸入云的大树之间，俯瞰整个花园的全景。擎天树观景台（Supertree Observatory）位于18棵擎天大树中最高的那一棵，可在50米高的空中纵览滨海湾的壮美风景。每当夜幕降临时，五彩斑斓的灯光秀（Garden Rhapsody）为游客们带来精彩的视觉盛宴。花穹内浪漫温馨的Pollen餐馆、擎天大树美食广场（Supertree Food Hall），以及沙爹湾（Satay by the Bay）中的餐馆和美食摊都是享受本地丰盛料理的理想之选。

滨海湾花园地址：18 Marina Gardens Drive，Singapore 018953。

开放时间：滨海南户外花园，5:00至次日凌晨2:00。

植物冷室（花穹、奇幻花园、云雾林），9:00至21:00（最后售票时间为20:00）。

擎天树丛和华侨银行空中走道，9:00至21:00（最后入场时间为20:00）。

滨海湾花园儿童乐园，周二至周五的10:00至19:00；周六及周日的9:00至21:00（最后入园时间为18:30）。

（2）亨德森波浪人行桥（Henderson Waves）。这是一座由7个拱形构成的波浪形人行桥，是新加坡最长的高架人行桥之一，全长274米。该桥横跨新加坡亨德森山和波各庙山之间的山谷，连接直落布兰雅山公园（Telok Blangah Hill Park）和花柏山公园（Mount Faber Park），高度达36米。亨德森波浪人行桥的设计灵感来自自然界中的波浪形状，整座桥梁看起来极为优美。在桥上散步、观赏种类繁多的热带动植物之余，可以感受到清新的空气和享受极佳的视野，欣赏到新加坡市区的美景和郊外的风光。此外，桥上还设置了多个休息区，供游客休息和拍照。

亨德森波浪人行桥地址：Henderson Road，Singapore。

开放时间：全天 24 小时。

（3）达士岭组屋（The Pinnacle@Duxton）。新加坡的组屋可概括为"建屋发展局所建的政府保障性住房"。达士岭组屋是新加坡著名的组屋公寓建筑之一，代表着新加坡城市发展史上的一个重要阶段。达士岭组屋由 7 栋 50 层高的摩天大楼组成，摩天大楼之间由两条高空天桥相连，分别位于第 26 层和第 50 层，天桥上均建有一条 500 米长的花园步道。这是政府组屋中首次采用天桥连接的住宅项目，也创下了全球最高的公屋建筑和最长的空中花园等多项纪录，同时也在世界上荣获诸多大奖，如"2010 年亚洲及澳大利亚最佳高层建筑"奖。达士岭组屋第 50 层天桥向公众开放。

达士岭组屋地址：1 Cantonment Road，Singapore 080001。

开放时间：9:00 至 22:00。

（4）滨海湾金沙酒店（Marina Bay Sands）。滨海湾金沙酒店位于新加坡海滨，紧邻新加坡市中心，是美国拉斯维加斯金沙集团耗资 50 多亿美元打造的一个大型综合娱乐度假胜地。该酒店是一个集室外泳池、观光平台、豪华赌城等高档设施于一体的度假酒店。这个总面积达 929000 平方米的大型项目是由蜚声国际、波士顿的建筑大师摩西·萨夫迪（Moshe Safdie）主导设计完成。正如建筑师本人所言："滨海湾金沙酒店本身已经超越了一个建筑项目，更多的是植根于新加坡文化、气候，以及当代生活的城市缩影。"

设计师通过将这一综合性项目中的各元素融入周边充满活力的城市网中，构造出一种新的城市空间结构，其灵感来自大型古城围绕公共要塞进行规划这一理念。同样，滨海湾金沙酒店就是围绕贯穿整个地区的两条主干道进行设计的，从而赋予了这一地区新的定位。

这个全新的城市空间将海滨长廊，一座占地 74000 平方米的多层购物商场，以及一座外观如莲花般的艺术科学博物馆融为一体。沿公共道路网还设有两座可容纳 4000 人的剧院、一家大型赌场、一座占地 9000 平方米的会展

中心，以及一个占地 5000 平方米可液压调节的公共活动广场。广阔的室内和室外空间为大量公共活动的举办提供了平台，同时这一地块还与地铁和其他公共交通相连接。

层层叠叠的园林贯穿整个酒店，热带园林景观从滨海城公园一直延伸至海湾舫，园林景观网加强了度假酒店周边与城市的连通。宽阔的人行道两旁种植着各种热带植物，水景则点缀其中。无论是酒店楼顶、会展中心、大型商场还是赌场，处处都环绕着苍翠的树木和园林。酒店建筑群由 3 座 55 层高的主楼组成，横跨海湾，3 座塔楼的设计灵感来源于一副扑克牌的形状。楼高 200 多米，共包括 2560 间酒店客房和套房，因其优越的地理位置，大部分房间都能俯瞰滨海湾的城市美景和海景。

而最为壮观的是位于建筑群顶部长达 340 米，占地 1 公顷的空中花园。这座船型的空中花园将 3 座主题建筑连为一体，成为酒店最具特色的景观之一。空中花园高出海平面 200 米，悬臂处长达 65 米，堪称世界上最长的公共悬臂。这里拥有能够欣赏新加坡天际的 360 度全景公共天文台、长达 151 米的户外游泳池、餐厅、慢跑小径、花园、酒廊等。其中，长达 151 米的无边游泳池还是俯瞰新加坡城市景观的绝佳去处。

从建筑外观看足以令人叹为观止，而室内设计也同样内藏玄机。走进度假酒店，宾客可乘坐小木船在室内运河中游玩。同时也不难发现，贯穿室内的各大艺术作品也十分抢眼。设计师摩西·萨夫迪亲自挑选 5 位国际知名艺术家特地创作出 8 件极具纪念价值的公共艺术装置融入总体建筑设计中，以独有的艺术形式结合空间，开辟一条艺术之径，宾客们可边步行参观边欣赏艺术作品。其中，由安东尼·葛姆雷（Antony Gormley）创作的巨型雕塑——Drift 最具代表性。这一作品长 40 米、高 23 米、宽 15 米，总重达 14.8 吨，是一个由 16100 根钢拉杆组合而成的巨大三维多面体矩阵，如云朵般飘浮在酒店大楼的中庭。该艺术装置大到需要通过几何方程式来计算生成，同时，它必须在场外编造完成，再拆分送至现场，由 60 名工人分 3 个阶段才组装拼合完成。

另一个让人感觉新颖之处在于酒店旁边外形如莲花的艺术科学博物馆。博物馆创新性的屋顶设计使之能收集雨水，从而形成漂亮壮观的瀑布景观，成为滨海湾金沙酒店的一大亮点。

滨海湾金沙酒店地址：10 Bayfront Avenue，Singapore 018956。

开放时间：空中花园（Sky Park），周一至周四的 9:30 至 20:00；周五至周日的 9:30 至 23:00。购物商场（Shoppes），周一至周四及周日的 10:30 至 23:00；周五至周六的 10:30 至 23:30。

17.4.2.4　娱乐休闲场所

（1）圣淘沙名胜世界（Resorts World™ Sentosa）。圣淘沙名胜世界汇聚了众多世界级的景点和娱乐设施，为游客提供了丰富多样的体验和活动选择，将让游客流连忘返。

①新加坡环球影城（Universal Studios Singapore）主题公园绝对是大朋友和小朋友都不想错过的最大亮点。走进公园内 7 个电影主题区组成的银幕世界，精彩的游乐设施和户外表演无处不在，还有真人扮演的史瑞克（Shrek）和艾摩（Elmo）等大众喜爱的电影角色。这里的娱乐活动应有尽有，包括惊心动魄的"太空堡垒卡拉狄加：人类及机械战队"（Battlestar Galactica: HUMAN vs CYLON™）过山车、惊险刺激的侏罗纪河流探险（Jurassic Park Rapids Adventure™），以及沉浸式的木乃伊复仇记（Revenge of the Mummy™）体验。

新加坡环球影城地址：8 Sentosa Gateway，Sentosa Island，Singapore 098269。

开放时间：10:00 开馆，闭馆时间根据园内通知各有不同。

②S.E.A 海洋馆（S.E.A Aquarium™）是一座占地 20 英亩的海洋主题乐园，内有散居在 50 个各具特色栖息地的逾 10 万种海洋生物，包括豹纹鲨、蝠鲼和巨型太平洋章鱼等，还可前往海豚岛（Dolphin Island），与来自印度洋海域的樽鼻海豚亲密互动。

S.E.A 海洋馆地址：8 Sentosa Gateway，Sentosa Island，Singapore 098269。

开放时间：上午 10:00 开馆，闭馆时间根据园内通知各有不同。

③水上探险乐园（Adventure Cove Waterpark™）位于海洋生物园（Marine Life Park™）内。在这里，可以悠闲地划着小舟在水上漂流，慵懒打发午后时光；或来场浮潜，与超过 2 万种鱼类在水中共舞；或到水上迷宫中兜转穿行。小朋友能在这里全天候找到无穷的乐趣，更有海马游乐池（Seahorse Hideaway）、儿童玩乐喷泉等游乐设施。

水上探险乐园地址：8 Sentosa Gateway，Sentosa Island，Singapore 098269。

开放时间：10:00 至 18:00。

到了晚上，还可以漫步到梦之湖（Lake of Dreams™）欣赏由著名艺术导演、艾美奖得主 Jeremy Railton 精心编排的水幕电影，置身于一个水与火、光与影交相辉映的奇妙世界之中。

（2）新加坡摩天观景轮（Singapore Flyer），也被称为"新加坡飞行员观景轮"，是一座高达 165 米的摩天轮，位于新加坡滨海湾的中心地带。它于 2008 年开放，是世界上最高的摩天轮之一。这座摩天轮拥有 28 个封闭式舱室，每个舱室可容纳最多 28 名乘客。新加坡摩天轮运行一个圆周的时间大约需要 30 分钟，在舱室内可以欣赏到令人惊叹的滨海湾全景，包括滨海湾金沙酒店、新加坡市中心建筑、新加坡海峡等。在晚上，摩天轮还会点亮色彩缤纷的灯光，为夜间的新加坡增添了一份浪漫和神秘的氛围。

新加坡摩天观景轮地址：30 Raffles Avenue，Singapore 039803。

开放时间：14:00 至 22:00（最晚入场时间为 21:30）。

（3）乌节路上的儿童乐园（Amazonia），位于乌节路的 Great World 商场的第三层，占地 15000 平方英尺。Amazonia 儿童乐园设有各种各样的娱乐设施，包括攀岩、迷宫、滑梯、橡皮球场、蹦床、篮球场和幼儿区等。儿童可以在这里尽情地玩耍，挑战自我，锻炼身体。儿童乐园内设有一个咖啡馆，供父母在旁边放松休息，同时观看孩子们玩耍。此外，乐园还提供各种不同的生日派对包，让孩子们在这里度过一个难忘的生日派对。

Amazonia 地址：1 Kim Seng Promenade #03-08，Singapore 237994（世界城购物中心 Great World City 内）。

开放时间：周一至周四的 10:00 至 21:00；周五至周日的 10:00 至 21:30。

17.4.2.5 购物中心推荐

（1）乌节路（Orchard Street）。作为新加坡最有名的购物街区，乌节路与纽约的第五大道、巴黎的香榭丽舍大街、伦敦的牛津街、东京的银座等世界知名街道齐名，被誉为世界十大购物街之一，是到访新加坡游客必打卡的购物胜地。整条街全长近 2.2 公里，汇聚了种类繁多的零售商场、餐饮和娱乐活动场所。从高端的大型商场如爱雍·乌节（ION Orchard）、义安城（Ngee Ann City）到中端的邵氏（Shaw House）、Tangs，再到低端的租赁摊位市场如远东（Far East Shopping Centre）等，都能在这里找到。

其中，爱雍·乌节购物中心深受年轻人喜爱，汇集了众多国际知名品牌，丰富多样的世界美食和各类娱乐休闲活动场所，为购物达人和高品位游客提供了一站式购物体验。尤其是在圣诞节来临之际，乌节路上绚丽多彩的灯饰和各大商场门口不同样式的圣诞树，让身处热带的游客，感受到不一样的圣诞氛围。

（2）怡丰城（Vivo City）。怡丰城是一个由日本建筑师伊东丰雄设计的购物中心，位于新加坡岛的最南端。如游客计划前往圣淘沙岛游玩，可以顺路到怡丰城一逛。相较于高端、国际化的乌节路购物街区，怡丰城更具本土化，门店种类从美容、书籍、食品、DIY、电子、娱乐、体育、生活方式到宠物和时装，应有尽有，比如一层的美国国家地理（National Geographic）专卖店，可以在那里选购精美且有纪念意义的笔记本；二层有设施完善的Golden Village 电影院，可以在购物之余欣赏到各种大片；三层设有新加坡最美海景图书馆——怡丰城港湾图书馆。游客可以在落地窗区域透过窗户欣赏大海、缆车和圣淘沙的美景，也可以找个喜欢的角落阅读，对心灵也是一种慰藉。

（3）星耀樟宜（Jewel Changi Singapore）。星耀樟宜坐落在新加坡樟宜机场第一航站楼前方，位于机场核心位置，作为连接航站楼间的桥梁，星耀樟宜将机场、购物中心和花园巧妙地整合在一起，打造出一座以社区为中心的新型建筑。星耀樟宜的亮点之一是拥有世界上最高的室内瀑布景观，40 米高的雨旋涡从玻璃幕墙倾斜而下，流入地下室，激起水汽氤氲。自 2019 年开业以来，星耀樟宜已成为新加坡全新生活时尚地标。

如果在新加坡市内的购物尚未尽兴，不妨在航班起飞前再去星耀樟宜血拼一把，吃一顿地道的新加坡肉骨茶，或者买一些特色伴手礼，一定会对新加坡流连忘返。

17.5　必吃美食

寻找、品尝和分享美食已经成为新加坡人的一种生活方式。这里多元的宗教、民族文化孕育了丰富多彩的美食风景，每天都会有全球各地的美食特色融入其中，同时又创造出新的风格，打上"新加坡"独特的印记，带给人

们与众不同的味觉体验，让人感受到真正的美食天堂。

17.5.1 最好“食”光——新加坡的小贩中心

了解新加坡的美食文化，必须了解遍布全岛各组屋区及市中心的小贩中心（Hawker Centre）。这些小贩中心就是一个将各种小贩集中起来的场所，售卖各式各样价格亲民的美食饮料，也称熟食中心（Food Centre）。此外，小贩中心通常与巴刹相邻，巴刹是菜市场，里面有售卖各种日用品和杂货的小店。

杂菜饭（白饭配两三样蔬菜或肉类等）、海南鸡饭、烧腊饭、炒粿条、椰浆饭（Nasi Lemak）、鱼汤、斋米粉、粿汁（潮州小吃）、卤面、叻沙（Laksa）、福建炒虾面、肉挫面、鱼圆面（鱼丸面）、排骨虾面、云吞面、马来炒面（Mee Goreng）、印度煎饼（Roti Prata）、薄饼、水粿、笋粿、菜头粿（萝卜糕）等新加坡的美食小吃在小贩中心里随处可见。近几年，小贩中心开始迎合国际化的需求，杯子蛋糕、松糕、日本便当、韩国拉面、泰式烧烤、意大利餐、摩洛哥餐等，也成为部分小贩中心的固定铺位。小贩中心人均消费 5~10 新加坡元，是了解新加坡美食和市民文化的首选。

广受好评的小贩中心如下：

1. 旧机场路小贩中心（Old Airport Road Food Centre）

推荐参考：新美香卤面（#01–116）、南星福建炒虾面（#01–32）、大成山瑞（山瑞即甲鱼，#01–129）、亚峇街虾面（#01–01）、老夫子炒粿条（#01–12）、大巴窑罗惹（罗惹是一种小吃，#01–108）、东记炒粿条（#01–138）、玛达律烧烤海鲜（#01–63）、旺旺脆皮咖喱卜专卖店（咖喱卜即咖喱角子，是一种小吃，#01–126）。

地址：Block 51，Old Airport Road。

2. 中峇鲁小贩中心（Tiong Bahru Food Centre）

推荐参考：忠于原味云吞面（#02–30）、中峇鲁海南起骨鸡饭（#02–82）、鸿兴炒苏东虾面（#02–01）、楗柏水粿（水粿是一种小吃，#02–05）、德盛豆花水（豆花水即豆浆，#02–69）、中峇鲁潮州粿（#02–02）、中峇鲁炒粿条（#02–11）、辉记鱼圆面 / 酿豆腐（#02–44）、豆干薄（一种小吃，#02–06）、卤面 178（#02–23）。

地址：30，Seng Poh Road。

3. 麦士威小贩中心（Maxwell Food Centre）

推荐参考：金华鱼头米粉 / 鱼片米粉（#01-77）、天天海南鸡饭（#01-10/11）、阿源面薄（#01-99）、真真粥品（#01-54）、洪家福州蚝饼（#01-05）、中国街咖喱饭（海南人的咖喱饭，#01-68）、中国街咸煎饼（#01-28）、翁面煎粿（面煎粿是一种小吃，#01-10）、中国街花生汤（#01-57）。

地址：1，Kadayanallur Street。

17.5.2 星光熠熠的街边店铺

喜爱美食的朋友对美国明星厨师安东尼·波登（Anthony Bourdain）、中国香港艺人谢霆锋、英国名厨戈登·拉姆齐（Gordon Ramsay）应该不陌生，是否也对在他们的美食节目中出现的新加坡街边店铺的佳肴垂涎三尺呢？让本文告诉你到哪里能找到它们！

1. 了凡油鸡饭（Liao Fan Hawker Chan）

作为全球最便宜的米其林一星餐厅，未到营业时间门外就已有食客排起长队，为的只是香气扑鼻、鲜嫩多汁的油鸡和烧味。店内特色美食：油鸡饭、油鸡面、叉烧肉双拼、油鸡叉烧饭、泰式豆腐等，人均消费 12 新加坡元左右。

地址：78 Smith Street，Singapore 058972。

2. 星联餐室（Sing Liang Eating House）

餐厅由陈桂顺夫妇创立，已有半个世纪，主打顺发潮州传统鱼圆肉脞面，其独特的猪油渣和香菇味道深受食客欢迎。店内鱼圆肉脞面除了面劲道爽口外，汤水更是浓郁，用大骨、江鱼仔等熬煮多个小时的汤底，纯天然鲜甜，吃后绝不口渴。

地址：No.549，Geylang Road，Lorong 29，Singapore 389504。

3. 545 黄埔虾面（545 Whampoa Prawn Noodles）

545 黄埔虾面分为干捞和汤面两种。干捞的面条搭配参峇辣椒、猪油和炸葱头，吃起来又香又顺滑，别有一番风味。汤面的汤头以鲜虾及猪骨熬制而成，除了充满鲜虾的美味外，还有猪骨的清甜味。配料方面有新鲜的虾仁、猪肉片、豆芽、炸干葱等，整碗面看起来不起眼，但一流的味道却征服

了很多食客的胃，一吃就上瘾！

地址：665 Buffalo Road，Tekka Center #01-326。

4. 328 加东叻沙（328 Katong Laksa）

叻沙（辣味椰奶面汤）是雨天的理想暖心美食，也是新加坡多元饮食文化中常让人探讨的话题。新加坡到处都有这款暖心美食的不同版本，而每位新加坡人心中都有自己认为烹调最美味叻沙的摊位。对于首次品尝的美食主义者，明星们推荐"328 加东叻沙"。

地址：51 East Coast Road，Singapore 428770。

5. 发起人肉骨茶（Founder Bak Kut Teh）

"肉骨茶"是一道新加坡的传统美食，由于其独特的味道和营养价值而备受推崇。店主祖孙三代人都经营肉骨茶生意，店里最引人注目的特点是墙上贴满了老板和许多名人的合照。问及成功的秘诀，老板表示真材实料真的好吃是能够长久经营的不二法门。

地址：347 Balestier Road，Singapore 329777。

6. 新加坡传统冰激凌

店主詹培秋从 16 岁开始卖冰激凌三明治，如今已卖了 50 年。小摊前每天都会排起长队，已经成为新加坡街头美食的一道独特风景。

地址：流动小贩詹培秋通常在乌节路义安城外摆摊。

17.5.3　至臻之选——新加坡米其林餐厅

"米其林星级荣誉榜"是世界餐饮业公认的至高荣耀，每一颗星代表一个卓越等级，是对全球顶级餐饮企业的肯定。米其林按照 5 项标准确定餐厅等级：食材质量、厨师对烹饪技巧与味道的掌握、厨师在厨艺中体现出的品性、饭菜是否物有所值，以及厨师与餐馆在不同时间通过不同菜肴所表现的水准是否稳定一致。2022 年，因出色的餐饮登榜的新加坡餐馆跃升至 51 家，本文根据食客反馈遴选 7 家餐厅供读者参考。

1. 米其林三星餐厅

（1）Les Amis。四位合伙人于 1994 年创立了这家餐厅，是新加坡最负盛名的法式餐厅之一。餐厅主厨彬诺（Sebastien Lepinoy）希望把精致的法国料理带到新加坡，他的菜肴充分体现了法式料理优越的饮食传统文化。除了主厨在细节上的一丝不苟之外，Les Amis 还以超过 3000 款来自"旧世界"的葡萄酒而闻名，被认为是亚洲最壮观的酒窖之一。

地址：邵氏大厦 Shaw Centre 1 Scotts Road #01–16，Singapore 228208。

预订电话：+65 6733 2225。

（2）Odette。坐落于国家美术馆，由主厨兼老板罗耶（Julien Royer）经营。餐厅屡获大奖，包括荣登 2018 年世界 50 最佳餐馆榜单，并入选 2017 年世界顶级餐馆联盟最佳榜单。主厨罗耶出身农民家庭，擅长整合食材本味创作出丰富多元的美食，无论是普通食材还是珍稀食材，在他的巧手下都能变成令人难以忘怀的餐饮体验。在这里，可以品尝到经典法式主食的美味变体鹅肝酱等。此外，罗耶的代表作——55 分钟烟熏有机蛋也不容错过。

地址：1 Saint Andrew's Road，Singapore 178957。

预订电话：+65 6385 0498。

（3）Zen。Zen 的主厨是法国名厨，1926 年在新加坡的一家街屋开创了他的第三家亚洲餐馆。来到这里的食客可以在一楼享用开胃酒，然后在二楼品尝新北欧的 8 道菜，以及日本风味的海鲜菜肴。顶层的休息区供应小蛋糕和咖啡。来自欧洲和日本的优质食材为菜肴注入了独特的个性。

地址：41 Bukit Pasoh Road，Singapore 089855。

预订电话：+65 6534 8880。

2. 米其林二星餐厅

（1）四川饭店（Shisen Hanten）。四川饭店用传统的日本烹饪技法诠释了川菜特有的麻辣，让食客充分体验味蕾的刺激。餐馆由日籍厨师陈建太郎（Chen Kantaro）掌勺，陈氏麻婆豆腐、剁椒清蒸鱼和辣酱炖牛肉等获誉名菜均以家族传承配方烹制，备受消费者喜爱。

地址：新加坡文华酒店 Mandarin Orchard Singapore 333 Orchard Road Level 35 Orchard Wing，Singapore 238867。

预订电话：+65 6831 6262。

（2）小康和（Shoukouwa）。在米其林看来，小康和餐厅是新加坡日式料理的巅峰代表，主厨 Masahiro Suzuki 运用其无懈可击的烹饪技艺，选用每天从东京著名的筑地市场空运到店的新鲜食材烹饪，辅以厨师精选（omakase）食材的餐饮体验，完美展现了海鲜的鲜美与寿司的丰富口感。

地址：One Fullerton 1 Fullerton Road #02–02A，Singapore 049213。

预订电话：+65 6423 9939。

3. 米其林一星餐厅

（1）Rhubarb Le Restaurant。星级名厨 Paul Longworth，18 岁加入伦敦 Conran 餐馆当学徒，就此开始了餐饮事业，于 2013 年创立了 Rhubarb Le Restaurant。餐厅以当地新鲜食材为基础，融合了法国传统料理的技巧和风味。在这里，可以品尝到各种精致的创意菜肴，例如黑松露炖鸡、烤鲑鱼配橙子和茴香酱等。餐厅的室内设计简约而现代，气氛温馨舒适，非常适合用餐和庆祝等特殊场合。

地址：3 Duxton Hill，Singapore 089589。

预订电话：+65 8127 5001。

（2）Labyrinth。餐厅由名厨 Han Li Guang 创立，菜品汲取了新加坡的多元文化和风味，以创新的方式呈现给顾客。Han Li Guang 的菜肴设计精美而独特，常常将传统食材与现代技术结合，创造出令人惊艳的口感和视觉效果。Labyrinth 的菜单会定期更换，每个季节都会有新的惊喜。

地址：8 Raffles Avenue #02–23，Singapore 039802。

预订电话：+65 6223 4098。

17.5.4 越夜越狂欢——新加坡必到的屋顶酒吧

没有什么能比手举一杯美酒，在清风中观赏城市夜景更美妙的享受了。前往这六大屋顶酒吧，能让饮酒体验更上一层楼，穷尽千里目。

1. Altitude

位于莱佛士坊 1 号（One Raffles Place）63 层，坐拥 360 度全方位的城市景观，不仅是全球最高的露天酒吧，还可以欣赏令人惊叹的日落美景和喧嚣的城市夜生活。凭借浓厚氛围和精致环境，这家酒吧绝对出类拔萃。[小贴士：可以到上层观景廊（Upper Viewing Gallery）一览无遗地欣赏新加坡城市景观。]

地址：1 Raffles Place Level 63，Singapore 048616。

预订电话：+65 6438 0410。

2. Loof 天台酒吧

新加坡第一家屋顶酒吧，名字也由 "roof"（屋顶）一词得来。Loof 天台酒吧定期支持本地艺术家、设计师和音乐家在此展览或演奏，所以这里是偶遇创意工作者的理想之地。

地址：331 North Bridge Road #03-07，Singapore 188720。

预订电话：+65 6337 9416。

3. Bar Canary

Bar Canary 是新加坡主要购物区众多摩天大楼和商场中的一片绿洲，对于独具品位的鸡尾酒爱好者来说，这里是完美的热带休闲去处。坐落于乌节路（Orchard Road）的中心地带，位于奢华的君乐酒店四楼，这座露天酒吧是远离城市喧嚣、休闲放松的完美之选。在酒吧露台上放松身心、结交新朋友，一定要品尝其标志性的 6 种 Boozy Pops——这些都是用新鲜食材制成的冰棒口味混合饮品。

地址：70 Orchard Road Level 4，Singapore 238857。

预订电话：+65 6603 8888。

4. Southbridge

酒吧内极简风格的装饰和单色家具营造出温馨迷人的氛围。这家屋顶酒吧位于驳船码头（Boat Quay），是整夜饮酒和狂欢之后放松身心的理想去处。Southbridge 同时以招牌美味牡蛎、自酿清酒（日本米酒）和由专门小批量烈酒制成的精酿鸡尾酒闻名。邀朋友一起来享受牡蛎的美味，并让工作人员推荐合适的饮品搭配。

地址：80 Boat Quay Level 5，Singapore 049868。

预订电话：+65 6877 6965。

5. ALTAS

ATLAS 位于新加坡标志性建筑 Parkview 广场，这座 Art Deco 风格的建筑落成于 2002 年，由 Chyau Fwuji 集团投资建成。店内金碧辉煌的三层楼高的空间覆盖着梁柱雕刻和图腾壁画，ATLAS 主打以 Gin 酒作基底的调酒，在这里全天可以品尝到欧式美食及精致调酒。

这家全球排名第八、亚洲排名第一的酒吧以藏酒丰富而闻名，15 米高的金铜藏酒塔上摆放了各式各样的酒水，有超过 1000 多瓶的 Gin 酒和 200 多

种的香槟，顶层还有 1910 年的 London Dry Gin 珍藏。

地址：Parkview Square，600 North Bridge Road，Singapore 188778。

预订电话：+65 63964466。

6. Long Bar

新加坡司令鸡尾酒诞生于著名的莱佛士酒店，这座酒店被西方人士称为"充满异国情调的东洋神秘之地"。拥有近 150 年历史的莱佛士酒店至今仍是新加坡标志性的酒店之一，从 1989 年修整至今，依然保留了英国殖民地建筑的奢华感。Long Bar 位于莱佛士酒店二楼，欧式复古的装修风格，老式木制的屋顶和花地砖，深色藤条沙发让人们仿佛回到了过去的殖民地时代。

地址：1 Beach Road，Singapore 189673。

预订电话：+65 63371886。

（本章作者：黄祎炜　章文峰　刘一　尤适）

延伸阅读 1

——良“工”妙力的新加坡全国职工总会

新加坡全国职工总会（National Trades Union Congress，NTUC）与新加坡政府和企业共同打造的和谐三方协作（Tripartism）关系，是新加坡经济发展和转型成功的"秘密武器"。NTUC 可以被称为推动新加坡经济社会发展的良"工"妙力。本文对 NTUC 的发展历程、组织架构、相关下属单位和发展经验进行了介绍和总结，并提出了一些思考问题以及对中国工会发展的相关建议。

一、NTUC 的成立背景和发展历程

（一）NTUC 的成立背景

早期，新加坡和马来亚的工人并未形成统一的工会组织，工会大多是由中国移民形成的行会或结社。20 世纪 40 年代，当日本侵略军的魔爪伸向东南亚时，部分新加坡工人在马来亚共产党的领导下创立了工会联盟（TUF）以凝聚工人力量反抗侵略，工会联盟亦成为后期工人武装力量的骨干组织。新加坡政府于 1951 年成立新加坡工会联合会（Singapore Trade Union Congress，STUC）。受左翼思潮影响，STUC 组织了多次罢工，对新加坡的营商环境造成了一定的影响。

1961 年，执政党人民行动党出现分裂，社会主义阵线成立。新加坡职工总会也分裂为两派：支持人民行动党的职总委员，于同年 9 月成立了新加坡全国职工总会（NTUC）（以下简称"职总"）；另一个团体成立新加坡职工联合会（SATU），支持社阵。社阵后来淡出政坛，SATU 也因抵触工会法令，

不能注册而不复存在。

（二）NTUC 的发展历程

自 1961 年成立以来，NTUC 的发展历程大致可以分为以下几个阶段：

1. 初期发展阶段（1961—1970 年）

在人民行动党的支持下，NTUC 逐渐占据新加坡工人运动的中心地位。1967 年后，政府通过对《劳资关系法》《刑法》及《工会法》等劳资关系相关法规的修订，对 NTUC 的职能进行了限缩与延伸。面对国内局势动荡导致的劳工运动困局，1969 年 NTUC 开展了以工运现代化为主题的大讨论，并总结了"与政府、资方共担责任""加大会员招募力度""工会会员再教育""合并小型工会""设立专职行政人员岗位"等 14 项建议，基本确定了 NTUC 未来维护职工权益的方式方法与基本职能。

2. 协商谈判阶段（1970—1980 年）

20 世纪 70 年代，全球经济低迷，新加坡的工人受到了严重的通货膨胀和失业率上升等问题的影响。在这一时期，罢工活动此起彼伏，NTUC 主张工人的利益应该受到更多的保护，积极组织工人与政府和雇主进行协商和谈判，争取更好的工作条件和福利待遇。在 NTUC 与政府的共同努力下，全国工资委员会于 1972 年成立，主要负责拟定工资政策及调整工资结构，工人的工资诉求得到了进一步的保障。同时，为进一步提升工人生活的便利性，巩固 NTUC 在工人阶级中的地位，NTUC 着手设立工人合作社 NTUC Income & Comfort，这也是后期 FairPrice、NTUC Health 等社会企业的雏形。

3. 转型发展阶段（1980—1990 年）

1980 年，新加坡航空大罢工事件对新加坡的工会运作及劳、资、政三方协商制度提出了新的挑战。此外，受国内外经济形势影响，20 世纪 80 年代中期，新加坡出现了建国以来第一次经济衰退，NTUC 支持政府暂时性冻结工资和削减公积金的呼吁，帮助经济恢复。在这一时期，NTUC 开始转型，积极开展各种公益活动和社会服务项目，设立了工人技能培训机制及供会员使用的度假村和俱乐部，在加强会员抗风险能力之余也进一步满足了其日常娱乐需求，提升了会员的生活体验。1986 年以后，新加坡再没有出现法律意义上的罢工。

4. 多元化发展阶段（1990 年至今）

20 世纪 90 年代以后，NTUC 进一步扩大了其活动范围，并开始涉足各种行业。NTUC 成立了自己的企业和机构，如药房、培训机构、保险公司等。亚洲金融危机爆发时，NTUC 适时推出"技能再发展"计划。21 世纪初，为应对日益严重的社会分化，提出了"2011 年劳工运动"愿景。同时，NTUC 也积极推动数字化和智能化，并为其会员提供各种数字化服务和解决方案。2020 年，NTUC Enterprise 与渣打银行联合推出数字银行——优信银行（Trust Bank）。

总的来说，NTUC 在过去几十年里一直致力于为工人争取更好的待遇和福利，同时也积极推动企业与工人之间的合作，为新加坡的经济发展做出了重要的贡献。

（三）NTUC 的发展目标、愿景、使命和价值观

NTUC 的发展目标主要有三个：一是成为一个强大的、负责任的和有关爱之心的劳工运动组织；二是提高会员和工友的社会地位和福利；三是维护新加坡的国家竞争力，帮助劳动人民实现持续就业。

NTUC 的愿景是创造一个更美好、更富有意义的新加坡，让所有阶层、年龄和国籍的工人都能和谐地工作、生活和娱乐。

NTUC 的使命是通过有酬就业、受保护的利益和对家庭的支持，帮助工人实现持续成长。

NTUC 的价值观是关爱、信任、热情、包容、灵活。

二、NTUC 的组织架构

NTUC 的领导机构是 NTUC 全国代表大会、NTUC 中央委员会和秘书长办公室。NTUC 全国代表大会代表新加坡劳工运动的最高权威，由各行各业的工会代表、NTUC 领导人、国会议员组成，每 4 年召开一次，负责决定 NTUC 的政策和方向。中央委员会是全国代表大会的执行机构，负责监督 NTUC 的日常运作。秘书长办公室负责 NTUC 的具体日常运作。NTUC 现任主席和秘书长分别是雷家英和黄志明。

新加坡工会分为三个层级，第一层级是企业工友选举的企业层面的支部工会领导。第二层级是从支部工会领导中选举的部分担任 NTUC 的执行委员会。第三层级是国家层级的 NTUC 中央委员会。NTUC 中央委员会由 21 名成员组成，每 4 年选举一次。

目前，NTUC 由 58 个附属工会、7 个附属协会、12 个社会企业、6 个相关团体和 3 个社区型团体共同组成。

NTUC 附属工会均以行业为划分标准，各个行业工会的会员均为该行业的从业人员，致力于促进生产力的提升与劳资关系的和谐。具有代表性的工会有公共雇员联合会、银行金融服务业联盟、化工雇员工会、医务人员工会等。

NTUC 附属协会主要保障非传统行业从业人员的利益，并提升服务价值，包括私人出租车协会、教练员协会、金融科技协会、出租车协会、快递员协会、信息科技协会和文创工作者协会。

NTUC 下属社会企业以 FairPrice、NTUC Health、MoneyOwl 为代表，一方面作为 NTUC 运作资金的重要来源，另一方面也为民众提供低廉、高效和优质的服务。

NTUC 相关团体通过提供就业培训机会等方式，以提升劳工就业竞争力和就业率。主要的团体有新加坡消费者协会、劳工领袖学院、劳工基金会、就业能力研究院等。

NTUC 社区型团体为会员提供可负担、高质量的娱乐服务，满足劳工业余生活娱乐的需求，包括主要由青少年组成的 NTUC 初级会员组织 nEbO、为临退休和高龄劳工提供服务的 U Live 和为会员劳工提供体育类服务的体育爱好者交流平台 U Sports。

截至 2021 年，NTUC 的会员数量超过 130 万人，占新加坡劳动力的 1/3 以上，工会化率高于马来西亚的 7%、美国的 10%，也高于 OECD 国家的约 17%。新加坡工会密集度很高，其中许多工会的会员覆盖率超过 50%。NTUC 的工会活动涉及劳工权益保护、就业培训、法律援助、协商谈判、政策制定和社会公益等方面。

三、NTUC 相关下属单位介绍

（一）公共雇员联合会

公共雇员联合会（Amalgamated Union of Public Employees，AUPE），简称公联，是新加坡最大的公共部门工会，代表国家各部委、法定机构和国家机关的公职人员，目前有超过 23000 名会员。

该工会创立于 1959 年，其后于 1965 年创办了贷款和储蓄合作社，1987 年创办俱乐部，1988 年创办管理服务合作社。

公联的职责主要在于为会员提供工作方面的保障，代表会员与机构管理层进行集体协商，推动实施更有利的就业政策和雇佣条件；注重会员职业发展，鼓励会员进修，提升工作技能。一个标志性的案例就是公联在职总的支持下，推动新加坡于 2012 年实施《退休与重新雇佣法令》，为那些到了法定退休年龄还需要工作的人员争取到工作的机会。目前，新加坡法定退休年龄为 63 岁，如果申请重新雇佣，可以延长到 68 岁。

公联下属 28 个分会，共计 283 名工会领袖，每个分会可推选 1~2 名代表进入公联执行委员会，执委会现有 42 人，任期 4 年。

（二）NTUC FairPrice

FairPrice 集团是职总下属企业，该集团涉及超市、餐饮、保险等多个领域，这里主要介绍在新加坡随处可见的 FairPrice 超市。

FairPrice 超市最早建立于 1973 年。1970 年，新加坡出现了严重的通货膨胀，为应对高通膨带来的物价上升，职总决定开办平价超市，造福人民。1973 年，NTUC FairPrice 超市成立了。第一家门店在大巴窑，开幕仪式由时任总理李光耀主持。

经过 40 年的发展，FairPrice 从一家超市成长为新加坡领先的零售商，每天通过 370 多家网点为超过 50 万顾客提供服务。它包括 FairPrice 超市、FairPrice Finest 精品超市、FairPrice Xtra 霸级超市、FairPrice Xpress 快捷超市、FairPrice Shop 平价商店、Cheers 便利店和 Unity 药房等。其电子商务

门户网站每月吸引超过 700000 名访问者。多种零售业态满足了各行各业人们的不同需求。

FairPrice 以致力于降低新加坡生活成本为其社会使命，希望紧跟客户不断变化的需求，成为新加坡领先的世界级零售商。

四、NTUC 的发展经验

60 多年来，NTUC 的发展不仅成功帮助成千上万的工友维护了正当权益，也帮助新加坡提升了国家竞争力。我们认为，NTUC 的成功经验主要有以下三个方面。

1. 保持与政府和企业的密切沟通和联系

"劳资政"三方协作（Tripartism）是新加坡经济增长和转型成功的秘诀。劳资政三方协作是指，以 NTUC 为代表的劳工方、以新加坡全国雇主联合会为代表的资方、以 MOM 为代表的政府方，三方以互相信任与尊重并拥有共同理想为基础，通过合作和协商共同解决劳资纠纷、社会保障等方面的问题，从而实现社会公平和正义的目标。NTUC 和执政党人民行动党（PAP）建立了制度化的共生关系。1980 年，PAP 和 NTUC 共同成立了协调委员会，通过决议案确定了这种共生关系。通过交叉任职和建立高级联络委员会这样的协商机制，保障这种"共生关系"的持久性。

2004 年，劳资政三方共同推出 6 条工业关系行事准则：①合作而非对抗——劳资双方视彼此为建立长久关系的伙伴，通过对话解决分歧；②导向和授权——确保工会和公司管理层的代表都获得授权进行协商，并支持协商达成的协议；③建立互信关系——积极沟通促进谅解；④坦诚透明——适时分享信息；⑤专业合作——确立一个有效的程序来消除不满；⑥互惠互利——确认共同的目标，建立共识。在具体的三方协商中，新加坡全国工资理事会、国家生产力局、技能发展委员会等是新加坡主要的三方机构。在这些机构中，职总在政府的支持下作为唯一的劳方代表参与三方协商活动，参与有关工人利益的政策法规制定。出于政府对职总的支持，职总拥有一批福利、法律、经营、工人事务等专业人才，在协商中发挥了重要作用。在三方协商中，职总既积极与政府和资方代表博弈，争取工资、福利、工作环境等方面的劳工权益，同时也在下级工会组织中积极推行国家政策，做好职工工作，促进劳资政三方合作。

可以看出，新加坡的三方协商机制，一方面，以政府干预和工会参与弥补了法律和市场对于实现和维护社会公正的不足；另一方面，由于政府的主导，使协商对话一直以"双赢"为其出发点和归宿，因而不致伤害至少不致严重地伤害雇主的利益。三方通过协商、调解、仲裁等方式解决劳资纠纷，保障了新加坡社会的和谐稳定。劳资政三方协作是新加坡人民根据其国情采取的最合适的选择，是新加坡"实用主义"的重要表现。从结果上看，20世纪80年代初的新航大罢工和1986年的经济大衰退得以平稳解决，都离不开劳资政三方协作的助力，更促成了人民行动党与劳工间紧密的联系。

2. 重视培训机制建设和员工持续成长

NTUC 非常重视对工会会员的培训，积极协助政府对会员开展基本素质教育和职业能力培训。NTUC 通过其下属分支机构为劳工提供多项职业培训机会及职业辅助，保证劳工拥有足够的工作能力适应未来工作岗位的挑战。NTUC Learning Hub 是 NTUC 旗下的一家社会企业，是新加坡最大的培训机构，专门为会员提供继续教育和培训服务，提高劳工的终身就业能力。自2004年公司化以来，累计已帮助超过26000个组织和超过260万人次进行了培训服务。NTUC 举办的培训，费用由政府、用人单位和员工共同承担，工会会员的个人部分培训费用由 NTUC 全额补贴。

NTUC 推出终身学习理念，不仅对失业者再就业开展就业培训，也对在职的工友实施新知识技能培训。工会经常促请企业管理层为员工提供培训机会，提升员工素质和竞争力，保持与其他国家争夺世界市场和吸引外资的竞争优势。同时，工会和其他培训机构合作，为青年工人提供基本和高层次的技能训练，并帮助40岁以上的工人通过培训获得各类证书，开拓新的职业发展机会。

2019年，AUPE 和公共服务署及公务员学院签署了公共服务集群培训委员会（Public Service Cluster Training Committee）的谅解备忘录，为会员争取更好的工作、能更好地工作及争取新的工作。

2019年4月，NTUC 推出了设立企业培训委员会（Company Training Committee，CTC）的举措，旨在支持工人通过公司培训实现更好的工作前

景。根据 NTUC 秘书长介绍，截至 2023 年 4 月，NTUC 已经成立了 1300个企业培训委员会，帮助 10 万多名工友提升技能。重视培训和帮助劳工会员持续提高技能的举措使得新加坡就业市场非常稳定。近 30 年，新加坡失业率持续保持在 4% 以下的较低水平。

3. 注重提升会员对工会的认同度

NTUC 关注工人的个人生活，保持对会员的吸引力。NTUC 通过兴办不同形式合作社的方式造福劳工。NTUC "工运现代化" 的方针之一就是提出"创办合作社，打牢工会经济基础，壮大工会经济实力"。在新加坡人民行动党和政府的支持下，NTUC 把投资方向确定在国有和私营企业较少涉及的第三产业上。其兴办的合作社为工会会员提供优惠的医疗、食品、住宅、保险、托儿、养老、济贫等服务和福利待遇。尤其是 FairPrice 已成为新加坡最大的连锁超市，遍布全国各个社区，在给工会带来收益的同时，还起到了稳定市场物价的作用。此外，NTUC 还有致力于提供优质学前教育的优儿学府、运营美食街和咖啡店的富食客合作社、提供出行服务的康福出租车公司和提供保险产品的英康保险合作社等。

NTUC 还特别关注低收入群体。2012 年起，NTUC 开始推行渐进式薪金模式（Progressive Wage Model，PWM），为低收入员工制定最低薪资，改善薪资涨幅和工作环境。渐进式薪金模式涵盖薪金、职业发展、技能和生产力四个元素，能让员工从更高薪金和更好职业前景中受惠，企业则能从员工技能和生产力提升中获益，让工人和雇主互相扶持。清洁、保安和园景三个行业率先推行渐进式薪金模式。2022 年 9 月和 2023 年 3 月，渐进式薪金模式先后扩展到零售业和食品服务业的低薪员工。2023 年 7 月，将进一步扩展到垃圾管理业。据 NTUC 秘书长介绍，到 2023 年 7 月，估计约有 13 万5000 名低薪工友，包括垃圾管理、零售和食品服务业的工友，将受益于渐进式薪金模式计划。

五、相关思考与启示

新加坡许多行业依靠外国劳工填补劳动力的缺口。新加坡统计局数据显示，2021 年新加坡就业人口为 348.35 万人，其中非居民就业人口达到 119.7

万人，占比超过 1/3，且大部分外劳属于中低收入群体，部分可能面临过劳、歧视、人身伤害和工资拖欠等问题。例如 2012 年 11 月，新加坡曾爆发上百名 SMRT 中国籍巴士司机"非法罢工"事件。当时在新加坡，仅有 12.5% 的外籍员工加入工会，而在 SMRT 的中国司机中这个比例只有 10%[①]。他们维护自身利益中的正常渠道不畅，导致恶果的发生。本文的调研也发现，很多在新加坡的中国工人没有加入 NTUC，甚至不知 NTUC 为何物。NTUC 应该如何提高外劳的工会化率，从而更有效地保障外劳的权益？这可能是 NTUC 需要长期关注的问题。

最后，结合上述研究，本文对中国工会的发展提出以下思考建议。

1. 构建和谐劳资关系，促进劳资整合

NTUC 参与社会管理的经验启发我们，在社会组织参与社会管理的分工中，协调劳资关系，促进社会稳定发展，是工会组织不可替代的角色规定和重要任务，唯有"良工"，才能成为国家经济社会发展的"妙力"。中国工会组织需要把相关工作放到政府和国家发展的大局中去把握，通过各种手段发挥职能作用，构建和谐劳资关系。

2. 加强职业能力培训，提升可持续就业能力

NTUC 在提高劳工就业率方面取得突出成果，其主要可借鉴之处就是注重加强工会会员的职业能力培训。中国工会需要注意处理好失业救济和技能培训的关系，在有条件的前提下，把应急救济费用逐步转化为对失业人员岗位技能和职业能力的培训上，变输血为造血，更加有效地服务会员和社会。

3. 拓展工会服务内容，打造职工服务体系

为适应社会发展新形势，满足职工群众新期待，中国工会需要进一步积极探索，不断拓展服务内容，坚持问题导向，摸清职工最现实、最迫切的服务需求，实现精准服务。工会兴办的企业需要回归主业主责，突出服务会员职能。此外，除了拓展服务内容外，还需要拓展服务渠道，打造互联网服务平台，满足新时代年轻职工大多时间"生活在网上"的现实需求，构建全方位的职工服务体系。

---

① 中国新闻网.新加坡全国职工总会：应照顾客工福利并公平对待[EB/OL].（2022-09-17）. https://www.chinanews.com/hr/2012/12-07/4391406.shtml.

参 考 资 料

[1] NTUC. Labour Movement Annual 2023[R]. 2023-04-28.

[2] CHEE MENG NG. National Trades Union Congress（NTUC）'s Changing Role in Shaping Singapore's Evolving Work Compact[J].Singapore Labour Journal，2022（1）：60-67.

[3] NTUC 官网 .NTUC 介绍 [EB/OL]. （2022-09-15）.https://www.ntuc.org.sg/.

[4] 朱鸣，孙海涛 . 新加坡工会发展模式及其启示 [J]. 工会理论研究（上海工会管理职业学院学报），2018（4）：43-47.

[5] 郑振清 . 工会体系与国家发展 [M]. 北京：社会科学文献出版社，2009.

[6] 中国新闻网 . 新加坡全国职工总会：应照顾客工福利并公平对待 [EB/OL].（2022-09-15）.https://www.chinanews.com/hr/2012/12-07/4391406.shtml.

（本文作者：孙玉奎　于梦雨　李丹丹　周娜娜 / 南洋理工大学）

延伸阅读 2
——新加坡特色法律案例

众所周知，新加坡是一个充满特色的城市，同时也是世界上最安全和最有秩序的国家之一，而良好的治安离不开严格的法律及强大的执法力量。

一、生活中的特色法律案例

（一）吃点甜的，也要上税

新加坡是首个禁止高糖广告的国家。《联合早报》报道显示，新加坡目前已有 45 万人确诊为糖尿病，每 9 人中就有 1 人血糖超标，在发达国家中的患病率仅次于美国，而且有年轻化趋势。当局估计，如果现在不采取必要措施的话，到了 2050 年患上糖尿病的可能多达 100 万人。

早在 2016 年新加坡就规定，每 250 毫升含糖量超过 3 茶匙的饮料不得在学校售卖。

2018 年，卫生部和保健促进局展开为期一个半月的公众咨询，针对 4 项可能实行的措施收集民间反馈，即对含糖量高的包装饮料征收糖税、强制要求产商在加糖饮料的包装正面印上营养标示、更严格地限制高糖分饮料打广告，以及全面禁售高糖饮料。

2021 年，新加坡政府强势公布未来可能实行的糖税措施。为了引起更多民众重视，新加坡政府还用心良苦地拍摄了《贺年除糖记》（Kungfu Fighter，Hidden Sugar）的武侠广告片。

（二）没有志明与春娇的浪漫，只有一百种方法让你戒烟

新加坡禁烟法是在 1970 年实施的法令，目的是保护非吸烟者不受二手烟的影响。法令实施之后，新加坡环境局一而再、再而三地扩大和增加管制的范围，2022 年再次扩大禁烟范围，有超过 49000 个户外和室内地点被列为禁烟区。单在 2022 年上半年，执法人员一共向在禁烟区吸烟的违例者开出了大约 7400 张罚单。

早在 2017 年，新加坡就通过了《烟草广告与销售管制修正法案》。该法案规定，自 2019 年 1 月 1 日起，购买、使用、拥有、销售和供应烟草制品的最低法定年龄将从 18 岁提高至 19 岁；2020 年 1 月 1 日起，提高至 20 岁；2021 年 1 月 1 日起，进一步提高至 21 岁。新加坡卫生部长说，根据研究数据显示，如果人们在 21 岁前不吸烟，那么他有可能永远不会吸烟。这就是为什么卫生部通过了上述法律，以及其以此来减少青少年吸烟的机会的原因。

自 2018 年起，新加坡开始禁止电子烟。2018 年 2 月开始，各大烟草集团陆续离开新加坡。

（三）组屋内养猫？小心被罚

建屋局自 1989 年就立法禁止居民在组屋单位内饲养猫，触犯条例者可被处以不超过 4000 新加坡元的罚款。当局的理由是，猫一般不愿意像狗那样被主人拴着，又无法乖乖留在家中。如果让它们随意走动，可能会在公共场所脱毛或随地大小便，而且"喵星人"的叫声也会对邻居造成困扰。

然而，过去 33 年来，在组屋内偷偷养猫的人并不在少数。只要没有打扰到邻居，大家都会睁一只眼闭一只眼。

不过近来相关规定有期望得到调整，国家公园局旗下的动物与兽医事务组已拟定猫只管理框架，将在未来征询公众意见，其中也会探讨是否适合在组屋单位内饲养宠物猫。

（四）为什么梁朝伟不飞新加坡喂鸽子？

因为影帝也怕犯法啊！根据新加坡《动物和鸟类（鸽子）法则》，喂鸽子将被罚款高达 500 新加坡元。主要原因是，鸽子的粪便会传播各类疾病。

新加坡国家环境局鼓励群众积极举报喂鸽子的人，所以别说在广场上喂鸽子了，就算在私人阳台上放个喂鸟器，要是被发现了也要被罚款的。

在新加坡，大量的道德内容被写进法律，这就是法律的泛道德化。同时，这些内容还涉及公民生活的每个细微方面，这就是极法化。

（五）在新加坡涂鸦会被鞭刑？克林顿也"鞭长莫及"

1993年，新加坡一处社区发现墙壁和汽车被人用各色颜料涂得一塌糊涂，不少车子还被敲碎玻璃、戳破轮胎。几个月后，再次有6辆车被人涂鸦，警方顺藤摸瓜，18岁的迈克·费伊（Michael Fay）很快被锁定。

由于美国法律与新加坡有天壤之别，最终，美国少年费伊因破坏公物和社区车辆，被新加坡法院一审判决监禁4个月、罚3500新加坡元和鞭刑6下。

数十名美国人写信给新加坡驻美国大使馆，要求改判，20多名美国参议员写联名信，请求从宽处理……最终惊动时任美国总统克林顿。克林顿致电新加坡总统王鼎昌："他还是个孩子，罚款、拘留都行，就不要用鞭刑了，这太不人道。"新加坡总统王鼎昌拒绝："新加坡司法公正，总统无权干预。"新加坡司法机构也发表声明，外国人犯法将一视同仁，坚决执行。

话是这样说，但面子总要给的，最终新加坡法院还是把已判决的6下鞭刑改为4下，而其刑法实施引发世界舆论关注，特别是在美国国内造成了山呼海啸般的动静。

二、特色的合法场所

（一）新加坡"红灯区"

早在19世纪，英国殖民者就在这里种植橡胶、甘蔗和开矿，招募了大量男性劳工，外籍人口大量涌入……特殊服务应运而生。殖民者仅规定白人女性不得从业，对非白人女性从业者做出了规范。"二战"期间，日本占领新加坡，之前的规矩一概作废，这一产业开始迅速发展。

新加坡独立后，有官员提出取缔"红灯区"的想法，李光耀说："取消

娼妓行业，交易就没有了吗？"新加坡政府认为，与其让这些人进行地下非法交易，还不如由政府加以引导。此后，新加坡不断出台相关政策与法律条例，采取疏导和管理相结合的方式，对"红灯区"进行整改和规范，让这一产业逐渐正面化与规范化。

新加坡政府在这方面做出了很多努力，比如出台"黄卡"政策，要求在合法的区域从事性工作，规范纳税；又如政府规定，性工作者都要同新加坡警方签订协议，要求"定期体检""下班后立刻回家""不得在除了特殊服务区之外的地区提供服务""在新加坡从业时间不得超过两年"，这些措施都维护了女性的权益，规范了"红灯区"的管理。可以说，新加坡政府这一法律制度的形成，有特殊的历史背景，符合移民国家人性需求，让性工作者从地下走到地上，有利于加强社会管理。

（二）赌场及博彩业

新加坡向来反对赌博，李光耀先生曾取缔赌博场所，只允许彩票和赌马经营。2004年，新加坡政府认为，"这个世界变了……新加坡要吸引更多游客，就应该考虑设立赌场""新加坡必须重新考虑对赌场直接说'不'的立场"。

新加坡政府特别强调：政府考虑的不是一个赌场，而是一个整合性休闲度假园区或休闲娱乐及商业综合区，博彩仅仅是其中一个元素。

2006年2月14日，新加坡政府公布了《赌场管制法》。2006年5月，将第一个许可证发给美国拉斯维加斯的金沙集团；2006年12月，云顶国际集团赢得圣淘沙综合度假村的开发权。

根据《联合早报》报道，拉斯维加斯金沙集团发布截至2023年3月的第一季度业绩，滨海湾金沙的息税折摊前盈利（EBITDA）大增225.6%至3.94亿美元（5.25亿新加坡元）。营收增长112.5%至8.48亿美元，主要是由赌场业务推动。客房营收也上扬155.3%至9700万美元。由此可见，新加坡赌场合法化为新加坡政府带来的收益是相当可观的。

新加坡在放开赌场经营的同时，也通过赌场经营者不断加强对赌博活动的规范管理。比如，对赌场宾客的着装要求、禁止携带物品、禁止拍照录像，对新加坡公民和永久居民征求入门税、不满21岁人士禁止入场、不得对赌博进行公开宣传等。同时，还在赌场网站张贴一些关于负责任赌博的提示，提醒宾客防止赌博成瘾。

新加坡关于赌博方面的法律也在不断更新。2022 年 8 月，新加坡赌博管制局法令生效，规定家人和朋友在家中面对面进行社交赌博不算违法，网上社交赌博仍然被禁止。

三、特色立法的适时更新

政府会根据时态的发展和民众的反馈快速调整政策，并提交过会通过后，形成新的法律。

（一）新加坡售酒规定的变更

（1）新加坡从 2012 年开始讨论禁酒令，2013 年小印度事件促使新加坡政府于 2015 年 4 月发布禁酒令。

内政部（MHA）说，2012 年 9 月，继收到对公共场所醉鬼的投诉后，新加坡就开始讨论禁酒令了。2013 年 10 月和 2014 年 8 月进行的两次民意调查也显示了民众对公共场所饮酒和酒精销售禁令是广泛支持的。

从晚上 10 时 30 分到早上 7 时之间，新加坡公共场所（比如公路上、组屋楼下等区域）都不许喝酒，零售店不允许卖酒。规则是禁止在公共场所售卖或饮用酒精饮料和酒精含量超过 0.5% 的食品。可以在餐厅、咖啡厅和酒吧喝酒，也可以在自己家喝酒。触犯相关的禁酒令，第一次罚款高达 1000 新加坡元。要是重犯，则会被处以最高 2000 新加坡元的罚款或监禁 3 个月，或两者兼有。要是在公共场所喝醉并打扰到他人或危害公共秩序，则罚款 1000 新加坡元，或处以长达 6 个月的监禁，或两者兼有。小印度和芽笼被指定为酒类管制区，得到的处罚将是在非指定区域喝酒惩罚的 1.5 倍。

（2）《海峡时报》在网上进行了一项民意调查，结果发现 80% 的民众对这项新禁令持反对态度。2019 年 1 月 17 日，新加坡内政部通过修正法令，将含酒精食品的禁令放宽。晚上 10 点半后，含酒精的食品将被允许在公共场所中售卖。

（3）2022 年 3 月 29 日，借着防疫限制解除的时机，政府宣布取消这一

规定，新加坡的各大酒吧、夜店、KTV、咖啡馆更是打算延长营业时间到半夜 12 点，甚至是凌晨 2 点。

新加坡店总商会受咨询时指出，晚上 10 时 30 分后实施的禁酒令，对售酒的餐厅和酒吧影响很大。根据 2022 年 8 月的一项调查，87% 的受访业者在疫情之前的营业时间超过晚上 10 时 30 分，约 47% 营业至凌晨。若营业时间与疫情前保持不变，约 55% 的从业者预计收入可增加超过两成。发言人说："这显示延长卖酒时间一个半小时，可为从业者在经济上带来很大的帮助。"

（二）新加坡法律体系与时俱进的其他案例

1. 非法飙车

2021 年 2 月 13 日（大年初二）清晨 5 点，丹戎巴葛发生了一起恐怖的致命车祸。一辆宝马跑车突然冲进丹戎巴葛路 37 号的店屋骑楼，店屋前瞬间起火。事故最终造成 5 人死亡、1 人重伤。据调查，司机以及乘客体内酒精含量均已超标。HSA 的速度分析显示，肇事宝马当时已超速两倍多。

同年 4 月，公路交通（修正）法案在新加坡国会上被提出。根据内政部文告，修正法案除了管制电动脚踏车的使用外，也旨在加强公路安全和提升交警的运作效率。丹戎巴葛路 2 月 13 日（大年初二）发生的 5 死 1 伤的跑车撞店屋车祸，让飙车情况备受公众关注。为加强公路安全，修订后的公路交通法令将加重对非法飙车的刑罚，组织或参与非法赛车者日后将面临更高的罚款和双倍的最长监禁期。

2. 电动踏板车

日益增多的电动踏板车，在方便了民众的同时，却因没有清晰的准入规则和驾驶规则，对机动车和行人造成了困扰。陆路交通管理局（LTA）推出了电动踏板车考试制度，用于规范驾驶人员的行为准则。

因为社会产生新的问题，就会相应产生新的法律。2019 年 9 月，新加坡的主动通勤咨询小组（AMAP）提出建议，他们认为电动滑板车和电动自行车的使用者，应该通过基本的笔试考试才能够使用单车专用道或一般道路。到了 2021 年 6 月，LTA 正式宣布，从 2022 年 1 月 1 日起，电动辅助自行车和电动滑板车的用户若想要上路，需先通过在线考试才行。

3. 加密货币

随着加密货币在全球的使用日益增多，作为全球金融中心之一的新加坡迅速通过立法的形式规范加密货币的使用，通过这种方式既降低了整体的金融风险，又支持了新型金融形态的探索和发展。

新加坡政府认为加密货币合法，但监管方式应区别于货币。新加坡金融管理局将加密货币分为三类：实用型代币（Utility Token）、证券型代币（Security Token）、支付型代币（Payment Token），并对前两者进行监管。

2020 年 1 月生效的《支付服务法》监管支付型代币（又称 Digital Payment Token，DPT），要求任何交易 DPT 的金融机构申请 DPT 经营权。

2020 年 5 月颁布的《数字代币发售指南》监管证券型代币，补充了《证券与期货法》。

新加坡议会于 2022 年 4 月审议通过《金融服务与市场法案》，进一步扩大了受监管的行为和机构，强化了与加密货币相关的反洗钱、反恐怖主义融资。

（本文作者：王长乐 / 南洋理工大学）

延伸阅读 3

——中华传统文化在新加坡

新加坡总人口约 564 万人（2022 年），公民和永久居民 407 万人，华人占 74% 左右，其余为马来人、印度人和其他种族。新加坡是海外唯一以华人为主要人口的国家，中华传统文化随着早期移民一同落地生根、传承发扬。

一、华语在新加坡

文字和语言是文化传承的基础，华语在新加坡作为第二语言，有着曲折的发展过程。

（1）新加坡建国前，多种方言混杂。新加坡华人大多是从中国沿海地区下南洋的底层劳工，新加坡在英国人殖民期间港口不断发展，又吸引了一批从马来西亚槟城、马六甲等地移民的华裔商人，这些人说着不同的方言，有潮州话、客家话、闽南话、广州话、海南话等。

（2）新加坡建国后，英语成为第一语言，华语一度受到打压。在 1965 年 8 月 9 日，新加坡宣布独立，成为一个主权民主的国家。同年 12 月 22 日，新加坡成为共和国，李光耀成为首任政府总理。中华总商会曾派代表与李光耀会面，希望新加坡能将汉语华文作为第一语言和官方语言。但李光耀认为，国家安全应放在首位，新加坡国内有大量的印度人和马来人，地理位置上被马来西亚、印度尼西亚包围。鉴于当时周边国家排华的因素，如果强行将华语作为新加坡国语的话，会引起新加坡当地的印度人和马来人排斥，也很有可能因为语言问题产生种族歧视或矛盾，给国家安全造成相当大的隐患。同时，因为新加坡资源匮乏，经济发展也是需要考虑的问题。新加坡所

处的马六甲海峡是欧亚大陆海上交通的"咽喉"，国际贸易的航运转口中心之一。新加坡需要依靠转口贸易和航运服务立足生存，英语作为国际通用语言，有利于新加坡发展经济。新加坡确定英语为主要语言的确是迫于生存发展的需要。为快速融入西方社会，全面推行英语，也曾引起当地华人的抵触。当时的南洋大学由华人马新民在1955年出资创办，大学里的课程基本都是用华语讲授。推崇华语教育的南洋大学受到李光耀政府打压，政府不仅强行关闭了学校，还驱逐了校长陈六史，南洋大学的毕业生也一度受到排挤与不公平的待遇。

（3）经济发展后，开始重视华语。随着新加坡经济不断发展，政府开始考虑国家内部的凝聚力。虽然新加坡政府将英语作为第一语言，但作为华人为主的社会，大量的华人依然使用不同的华语方言。1979年，李光耀政府开展"讲华语运动"，口号为"多讲华语，少说方言"。李光耀在"讲华语运动"动员大会上介绍了政府推行华语的初衷，是要彻底改变华人长期讲方言的习惯，简化新加坡华人社群之间的语言环境，以华语取代方言，从而创造有利于成功推行双语教育计划的语言环境（见图1）。当时，新加坡的公共部门（政府相关部门）率先进行华语运动推广：由文化部、教育部负责编纂各有关部门常用的华语词汇和发音；鼓励华人公务员在公共场所以华语代替方言进行沟通；要求华人公务员在柜台服务时尽量以华语进行交谈等。开设了华语

图1 李光耀在推广华语运动上讲话

的广播与电视频道，本地制作与引进的英语节目用中文配音后再播出。随着中国的改革开放，中国经济飞速发展，为了促进与中国的贸易合作，在20世纪90年代，新加坡的"讲华语运动"开始鼓励讲英语的新加坡华人多讲华语。现在，华语在新加坡受到了更多的关注与重视，在2019年新加坡"讲华语运动"40周年庆典上，新加坡总理李显龙说："他们都知道，如果要在中国工作、与中国人打交道、把握住中国发展所带来的机遇，就必须学好华语。"[1]

二、中华传统节日在新加坡

由于新加坡人口的多元化和政府推崇平等融合的理念，新加坡人的节日很多，中国传统节日、马来西亚节日、西方节日都会庆祝。根据新加坡政府公布的2023年法定节日假期，有多达10个节日、休假15天，包括元旦、农历新年、耶稣受难日、开斋节、劳动节、卫塞节、哈芝节、国庆日、屠妖节、圣诞节，充分照顾到各种文化和不同种族的习俗。虽然法定假日只有一个农历新年（春节）是中国节日，但华人作为新加坡主要人口，中国的端午节、中元节、中秋节也是当地社会主要的节日。

（1）春节。作为华人最重要的节日，新加坡人和全球的华人相同，春节期间有华人的地方都会张灯结彩，贴春联、挂灯笼、走亲访友。舞龙舞狮表演在大街小巷随处可见，节日的氛围比国内很多城市还要浓厚。新加坡华人过春节同样送金桔，因为"桔"与"吉"相近，吃饭时会加有一道特别的菜"捞鱼生"，吃之前大家会用筷子挑起，寓意生活美满，越来越好。

（2）端午节。由于新加坡人热爱运动，加上当地水库河道很多，在端午节期间，擂鼓和赛龙舟便成为一项热门的运动。加冷河是各家龙舟俱乐部勤奋训练的场所，勿洛蓄水池会有一年一度的新加坡龙舟赛。新加坡的粽子口味多变，不仅有传统的粽子口味如中国南方的咸肉粽、鲜肉粽，还有娘惹口味的粽子——以猪肉、五香粉和冬瓜糖为馅料，马来族口味的椰糖粽等。[2]

（3）中元节。根据中国传统文化，农历七月十五是中元节，很多华人相信先人的灵魂在中元节期间会来到人间。中元节期间，在芽笼和组屋的华人居住区，许多新加坡华人会通过烧香、烧纸钱、供奉祭品等方式拜祭

先人亡魂。

（4）中秋节。中秋节是华人仅次于春节的节日和团圆日，新加坡人一般会挂起红色纸灯笼，灯笼的样式也发展成为各式各样。新加坡许多华人聚集区还会举行灯会，成为新加坡华人中秋节日的特色。当然，送月饼、吃月饼依然是中秋节的主要传统，新加坡的特色月饼是榴莲馅的月饼。

三、戏曲在新加坡

戏曲作为中国传统文化的代表，在新加坡也是一脉传承。

祖籍福建金门的新加坡第三代移民许振义先生曾写作出版《布衣南渡——中国民间文艺在新加坡的传播和变迁》一书，追溯了早期闽粤琼南下移民为新加坡带来的民间文艺及传统观念等。粤剧、潮剧、闽剧、京剧、琼剧、越剧、黄梅戏等主要戏曲剧种在新加坡都有迹可循。

在早期，宗亲会馆是戏曲发展的主要载体。在传统节日，各地的宗亲会馆往往会组织本地的民间文艺演出。当时，地方戏曲作为主要的民间文艺载体，为南下移民提供了宝贵的文化生活内容，起到了凝聚宗乡群体的作用。

随着新加坡港口不断发展，人口增加，在20世纪20年代商业演出逐渐出现。各种剧种的演出从节日期间的户外演出转为大型游乐场或室内戏院演出，由戏班班主租赁场地，收入靠票房维持。

新加坡建国后，社会富余有了积累，人们拥有了财力、时间和精力来追求艺术，业余剧社逐渐兴起。戏曲作为一个文化传统被爱好者传承，少了商业的约束，专业水平反而得到了提高，在表现形式上也有很多创新。一些学校甚至开设了戏曲课程，出现了戏曲票友逐渐扩大的现象。

传统戏曲在新加坡有很多创新，比如在粤剧表演中配以中英文字幕，吸收马来族人士和欧美人士作为演员等，以吸引英语群体和马来族人观看。1972年，英女王访问新加坡，在李光耀陪同下观赏了粤剧《白蛇传》。新加坡的戏曲创作在取材范围上也得到了拓展，除了中国传统的民间故事、传说、历史，如《聂小倩》《画皮》《郑和》《邯郸梦》以外，还有许多取材自新加坡本地的民间传说、历史人物，例如《红山的故事》《林谋盛》《新民的故事》等。全世界范围的故事都成为新加坡戏曲的创作材料，如改编自印度神话史诗的《罗摩衍那》、取材自法国喜剧大师莫里哀的同名著作《屈打成医》等。[3]

四、武术在新加坡

和戏曲一样，有华人的地方就有武术。

新加坡早期，星洲中国精武体育会起到了启蒙与助推的作用。1910 年，著名武术家霍元甲在上海成立精武会馆后，其弟子在中国各地和东南亚多个国家成立精武分会。1920 年，上海中央精武体育总会派遣主干陈公哲等到新加坡宣传提倡武术，于 1922 年成立星洲中国精武体育会，至 1960 年改名为新加坡精武体育会。精武体育会对新加坡的武术推广与发展起到了助推作用。

新加坡建国后，国家专业机构的组织管理对武术发展发挥着积极作用。从星洲中国精武体育会成立到新加坡建国，经过 40 年的发展，民间已有许多武术团体。新加坡政府为统一有效的组织管理，于 1967 年成立了新加坡全国武术总会，由部长级官员担任会长，作为管理武术行业发展的专业机构，至 2009 年更名为新加坡武术龙狮总会，形成了武术、舞龙、舞狮"三位一体"的管理架构。现在，新加坡全国共有 230 多个武术团体，大多数是总会的会员单位，在总会组织指导下开展武术推广、教学、赛事等。

新加坡在推广武术方面颇具特色。在赛事领域推广方面，新加坡每年定期举办全国中小学生武术比赛、全国武术锦标赛、国际传统武术大赛等；在教育领域推广方面，在新加坡教育部的支持下，武术已经被列为中小学有分数的课外体育活动项目，吸引更多的年轻人参与到武术的习练中；在健身领域推广方面，2011 年，新加坡政府将太极拳、气功和晨走 3 个项目列为全民运动项目。同时，新加坡政府与社会团体在积极探索武术的市场化运作模式、逐步打造武术品牌。[4]

在武术推广和打造武术品牌方面，新加坡青少年文化艺术中心近年来做出许多尝试，颇有成果。《人民日报》曾采访新加坡青少年文化艺术中心主席胡刚，并刊发《新加坡华侨：把武术推向更广阔的世界舞台》一文。根据

《人民日报》的报道，胡刚先生于 2007 年到新加坡任教后，恰逢新的一轮习武风潮。胡刚先生认为这是弘扬中华武术的好时机，为了教好武术，他专门研究定制了适合新加坡华人的一套规范化教学流程：从教授武术礼仪到培养学员对武术的兴趣、督促学员练好武术基本功、根据标准对学员的学习分级，最终积极引导天赋出众的学员往职业武术运动员方向发展。

图 2　新加坡外交部兼社会家庭发展部部长陈振泉、新加坡武术龙狮总会会长洪茂诚、新加坡青少年文化艺术中心主席胡刚在新加坡国际武术文化艺术节上给获奖者颁奖

在推广中华武术的过程中，胡刚先生不断受到新加坡和东南亚的认可，先后担任新加坡教育部青少年武术队首任武术教练，创办新加坡国际武术文化交流中心，组织新加坡国际武术文化节，担任缅甸国家武术队技术顾问。胡刚所教导的学生，多次代表新加坡参加亚运会、世界武术锦标赛、亚洲武术锦标赛，以及东南亚运动会武术比赛等国际赛事，拿下多项大奖。16 年来，为弘扬中华武术文化，胡刚先生奔走不歇，为促进国际武术文化交流积极牵线搭桥。[5]

目前，在新加坡教育部、新加坡文化社区体育部、中国驻新加坡大使馆、新加坡中国文化中心支持下，由新加坡青少年文化艺术中心主办的新加坡国际武术文化节，参赛国家和地区 100 多个，参赛人数超过 1 万人，已成为东南亚最大的武术赛事、世界知名的武术赛事之一。

新加坡作为一个以华人为主的独立国家，虽然当地华人以新加坡华人自居，但依然传承和发扬着中华传统文化，除了语言文字、节日、戏曲、武术等文化在新加坡有所传承发展外，其他中华传统文化在新加坡也有着不同发展，如中医、剪纸、书法等。中华传统文化不仅在新加坡被传承，还与周边文化不断融合、发展、创新。

1991 年 1 月，新加坡政府发布《共同价值观白皮书》，将孔子的核心价值观注入国家意识，将传统的儒家思想与现代社会理念相结合，提出将"国家至上，社会为先；家庭为根，社会为本；关怀扶持，同舟共济；求同存异，协商共识；种族和谐，宗教宽容"五项内容作为新加坡共同价值观的基础。在新的时期，随着中新交流不断加深，两国贸易不断加强，共同的经济利益会促进价值观的融合，中华传统文化在新加坡会得到更多的关注与发扬。

参 考 资 料

[1] 人民网 . 新加坡为何坚持不懈推广华语 40 年？ [EB/OL].（2022–10–25）.https://baijiahao.baidu.com/s?id=1650882522124360547&wfr=spider&for=pc.

[2] 新加坡中国文化中心 . 端午安康 | 新加坡如何庆祝端午节？ [EB/OL].（2022–10–25）.http://sg.news.163.com/22/1102/16/HL6AJG4I0491002O.html.

[3] 新加坡眼 . 新加坡的戏，可以说是求生欲很强了 [EB/OL].（2022–10–25）.https://www.163.com/dy/article/DPFLQFKQ05148HD5.html.

[4] 太极拳中国 . 蓬勃发展的新加坡武术 [EB/OL].（2022–10–27）.http://www.cntjq.net/news/11328.html.

[5] 人民日报 . 新加坡华侨：把武术推向更广阔的世界舞台 [EB/OL].（2022–10–27）.https://www.gqb.gov.cn/news/2023/0217/56336.shtml.

（本文作者：张昆峰　刘一）

延伸阅读 4

——从诺贝尔奖推广应用洞见
新加坡小国的大格局

虽然新加坡至今还没有获得过诺贝尔奖，却是除了瑞典之外与诺贝尔奖关系最密切的国家。根据诺贝尔奖官网统计，1901 年至 2022 年，诺贝尔奖共颁发了 615 次，共计 989 位获奖者，其中基础学科物理学奖、化学奖、生理学或医学奖共颁发了 343 次，共计 638 位获奖者。[1] 虽然在基础学科的获奖名单中，新加坡未能占得一席，但是在诺贝尔奖及其成果的推广与应用上，政府、高校、社会三方均积极参与，为新加坡本土的科研发展奠定了坚实的基础。同时，新加坡也是世界上最积极推广诺贝尔奖及其成果的国家，新加坡与诺贝尔奖有着不解之缘。

一、政府先行，引领风向

早在 2003 年，新加坡就授予了 2002 年诺贝尔生理学或医学奖得主“分子细胞学之父”悉尼·布伦纳博士（Sydney Brenner）荣誉公民奖，在之后的 2006 年，新加坡科学技术研究局又授予布伦纳博士国家科学技术奖章，表彰他为新加坡科学和文化的发展所做的贡献。[2] 这些荣誉既是对布伦纳博士的肯定与感谢，也向社会传达了新加坡对生物学等基础学科的研究与发展高度重视的信号。

从 1983 年布伦纳博士首次访问新加坡，到 1985 年其作为创建人之一推动新加坡筹建首个重大科学研究机构——分子与细胞生物学研究院（Institute of Molecular and Cell Biology，IMCB），再到 2019 年其在新加坡与世长辞。三十几年间，新加坡为布伦纳博士提供了优渥的发展空间与土壤，布伦纳博士也孜孜不倦地指引新加坡现代分子细胞生物等领域的科研与

发展，为新加坡培育了众多的青年科学家与工程师。

二、高校扎根，发芽开花

截至目前，虽然新加坡高校暂未有人获得诺贝尔奖，但是新加坡务实的作风促进了诺贝尔奖获得者的加入和相关研究的落地生根。

2019 年 4 月，新加坡本地大学首次成功吸引到了诺贝尔奖得主的加入，因发现石墨烯材料而获得诺贝尔物理学奖的康斯坦丁·诺沃舍洛夫教授（Konstantin Novoselov）入职新加坡国立大学的材料系。2021 年 10 月，新加坡国立大学创立了全球首个致力于设计、综合和运用"功能智能材料"的功能智能材料研究院（Institute for Functional Intelligent Materials，IFIM），由康斯坦丁·诺沃舍洛夫教授担任院长，为其提供了更广阔的空间。新加坡教育部与新加坡国立大学分别为新设立的学院提供了 1 亿新加坡元，总计 2 亿新加坡元的科研资金 [3]，为后续的研发工作提供了有力的保障。功能智能材料研发成功后可在人造器官和组织、智能膜、智能电池和催化剂等领域进行应用，为相关领域的应用带来突破，在应用层面发挥重要价值。

三、以传统与创新的形式，不断推广诺贝尔奖

在新加坡政府支持下，新加坡世界科技出版集团与诺贝尔奖得主开展了密切合作。新加坡世界科技出版集团成立于 1981 年，是亚太地区最大的国际科学出版商。1991 年开始，新加坡世界科技出版集团与诺贝尔基金会签署了协议备忘录，被授权出版并在全球发行诺贝尔奖各学科的讲座系列 [4] 丛书和期刊论文。截至目前，已累计出版超过 100 部诺贝尔奖著作及相关书籍，已成为世界上出版诺贝尔奖著作最多的出版社之一。新加坡世界科技出版集团对诺贝尔奖系列的出版，以新加坡为枢纽，系统地向全世界推广了诺贝尔奖成果。世界科技出版集团主席潘国驹教授曾在 2021 年诺贝尔奖公布后提出："衷心希望我们的学生都可以拥有开放的格局和广阔的视野，努力尝试不同的兴趣爱好，培养自己的洞察力和共情能力。" [5]

根据《澎湃新闻》报道，2023 年中国电商淘宝上架售卖卫星，是人

类历史上第一次电商平台的卫星交易，而购买者则是新加坡的创新公司 GIGATREE。巧合的是，GIGATREE 公司购买卫星也是为了推广宣传诺贝尔奖。该公司计划不晚于 2025 年，将诺贝尔物理学奖、化学奖、生理学或医学奖得主的著作、科研成果等资料以卫星为载体发射到太空 [6]，以全新的思路吸引全世界的目光，引起大众对诺贝尔奖及基础科学的兴趣，为明日的科技之星埋下希望的种子。

四、结束语

新加坡政府与社会各界人士在立锥之地，以包含寰宇的胸怀，不断推广全人类最有价值的科研成果，不仅有助于培养更多具有创造性的顶尖学者和不同领域的领军人物，也彰显了小国家的大格局。

参 考 资 料

[1] 诺贝尔奖官方网站 [EB/OL].（2022–12–12）.https://www.nobelprize.org/prizes/facts/nobel–prize–facts/.

[2] 新加坡科学技术研究局官方网站 [EB/OL].（2022–12–12）.https://web.archive.org/web/20071218073551/http://www.a–star.edu.sg/astar/about/action/award_NSTM_citation.do?id=0e39f93f71TO&awardId=0e29810124jK.

[3] 联合早报 . 国大功能智能材料研究院正式开幕 [EB/OL].（2021–10–07）. https://www.zaobao.com.sg/realtime/singapore/story20211007–1200992.

[4] World Scientific 官方网站 [EB/OL].（2022–12–17）.https://www.worldscientific.com/page/about/corporate–profile.

[5] 联合早报 . 潘国驹：兴趣广泛的物理诺奖得主 [EB/OL].（2021–10–09）.https://www.zaobao.com.sg/forum/views/story20211009–1201565.

[6] GIGATREE 官网 [EB/OL].（2022–12–17）.https://www.giga–tree.com.

（本文作者：马莹莹）

致　谢

　　本书粗浅介绍了新加坡的公共政策情况和衣食住行商等现状，于新加坡学习一年间仓促而成，本书的付梓得到了母校与同学、朋友、老师们的支持。

　　感谢新加坡国立大学李光耀公共政策学院院长柯成兴教授（Prof Danny Quah）及 MPAM 项目的两位创办者陈抗教授、顾清扬教授，三位教授都是对东亚经济与公共政策有着深入研究和卓越成果的经济学家，有幸跟随他们学习，受益匪浅。

　　感谢本书的出版顾问、新加坡前国会议员杨木光先生，杨木光先生历任4 届国会议员，先后在多个政府部门工作，他为本书的编委提供了悉心指导。

　　感谢中国银行新加坡分行行长程军先生、新加坡中资企业协会秘书长付晓辉先生及经济学者高翔先生、中国银行新加坡分行刘延召先生、新加坡眼总编辑贺丽琴女士在本书撰写过程中给予的帮助。

　　感谢在学习期间给我们授课的郑环环、赵立涛、王德远、钱继伟、刘通等教授，尤其是时任项目办主任陆曦教授的支持以及郑猷超教授参与撰写。

　　感谢与我们交流分享和授课的时任新加坡副总理黄循财先生、时任新加坡卫生部长王乙康先生、新加坡前总理公署部长林瑞生先生、新加坡前国会议员、淡马锡前公共事务总裁成汉通先生等新加坡政要和学者。

　　感谢所有参与本书编撰出版的同学。

　　着重感谢刘文先、陈志伟、林响、郑景日、胡刚、尤适、马莹莹、刘明等同学的倾力奉献；部分同学因工作岗位原因无法署名，亦为本书撰写付出了艰辛努力；新加坡南洋理工大学 2023 届 EMME EMPA 春季班王长乐、孙玉奎、于梦雨、李丹丹、周娜娜等同学参与延伸阅读的撰写，为本书丰富了内容。

　　出版本书的目的乃提供一般信息，不代表提供任何专业意见。由于政策的变化性，恳望读者在新加坡的行为指南以届时最新的政策为准，因本书内容可能引起的相关责任，本书全体编委概不负责。

　　希望本书的内容，能对大家了解新加坡有所帮助。